Petits *C*lassiques
LAROUSSE

Collection fondée par Félix Guirand,
Agrégé des Lettres

Le
Jeu
de l'amour
et du hasard

Marivaux

Comédie

Édition présentée,
annotée et commentée
par Alain MIGÉ,
professeur des universités

© Éditions Larousse 2006
ISBN : 978-2-03-585915-0

SOMMAIRE

Avant d'aborder l'œuvre

Le jeu de l'amour et du hasard
MARIVAUX

Pour approfondir

AVANT D'ABORDER
L'ŒUVRE

Fiche d'identité de l'auteur

Marivaux

Nom : Pierre Carlet de Chamblain de Marivaux.

Naissance : le 4 février 1688, à Paris.

Famille : père fonctionnaire, d'abord dans l'administration de la Marine puis directeur de l'hôtel des Monnaies à Riom.

Formation : études au collège des Oratoriens de Riom puis à la faculté de droit, à Paris.

Début de sa carrière : *Les Effets surprenants de la sympathie* (1713), roman. Au théâtre : *L'Amour et la Vérité* (1720), comédie.

Premiers succès : *La Surprise de l'amour* (1722) ; *La Double Inconstance* (1723) ; *Le Jeu de l'amour et du hasard* (1730).

Évolution de sa carrière littéraire : une triple carrière, parfois menée de front.
• Une carrière de journaliste : *Le Spectateur français* (1721) ; *L'Indigent philosophe* (1727) ; *Le Cabinet du philosophe* (1734).
• Une carrière de romancier : *Pharsamon* (publié en 1737) ; *La Vie de Marianne* (1731-1742) ; *Le Paysan parvenu* (1734, roman inachevé).
• Une carrière de dramaturge avec des "comédies de sentiment" : *La Seconde Surprise de l'amour* (1727), *Les Serments indiscrets* (1732) ; des comédies d'intrigue : *L'Heureux Stratagème* (1733), *La Méprise* (1734) ; des comédies de mœurs : *L'École des mères* (1732), *Le Petit-Maître corrigé* (1734) ; des comédies sociales et utopiques : *L'Île des esclaves* (1725), *L'Île de la Raison* (1727) et des comédies relevant de plusieurs genres : *La Mère confidente* (1735), *Les Fausses Confidences* (1737).

Mort : le 12 février 1763 à Paris.

P. DE MARIVAUX. 1743.

Portrait de Marivaux. Peinture à l'huile.
Copie d'après Louis Michel Van Loo, Académie Française, 1742.

Repères chronologiques

Vie et œuvre de Marivaux	Événements politiques et culturels
Les années de formation	**1688-1715 : crépuscule du règne de Louis XIV**
1688 Naissance le 4 février à Paris de Pierre Carlet de Chamblain qui prendra le nom de Marivaux en 1716.	**1688** Début de la guerre de la ligue d'Augsbourg. La Bruyère, *Les Caractères* (première édition).
1699-1710 Études au collège des Oratoriens de Riom puis faculté de droit à Paris.	**1694** Mort de La Fontaine.
1712-1720 : un romancier partisan des « Modernes »	**1697** Expulsion des Comédiens-Italiens.
1712 Rédaction de *Pharsamon* (publié en 1737).	**1699** Mort de Racine.
1713 *Les Effets surprenants de la sympathie.*	**1701-1714** Guerre de la Succession d'Espagne.
1714 *La Voiture embourbée.*	**1712** Mort du duc de Bourgogne, fils de Louis XIV.
1717 *L'Iliade travestie, Le Télémaque travesti*, parodies burlesques. Mariage avec Colombe Bollogne. Début de sa collaboration avec *Le Nouveau Mercure*, journal mensuel, partisan des « Modernes ».	**1715** Mort de Louis XIV. Philippe d'Orléans, régent.
	1715-1723 : la Régence
1720 Ruiné par la faillite du banquier Law, Marivaux devient avocat.	**1716** Mise en place du système Law, fondé sur l'émission de papier-monnaie.
1720-1730 : journaliste et dramaturge à succès Une série de succès chez les Comédiens-Italiens avec : *Arlequin poli par l'amour* (1720) ; *La Surprise de l'amour* (1722) ; *La Double Inconstance* (1723) ;	**1720** Faillite du système Law.
	1721 Montesquieu, *Les Lettres persanes*.
	1722 Cardinal Dubois, Premier ministre.
	1723 Mort du Régent et du cardinal Dubois.

Repères chronologiques

Vie et œuvre de Marivaux	Événements politiques et culturels
Le Prince travesti ; La Fausse Suivante (1724) ; *L'Île des esclaves* (1725).	**1723-1774 : le règne de Louis XV (petit-fils de Louis XIV)**
1721-1734 *Le Spectateur français*, journal.	**1726-1743** Ministère du cardinal Fleury.
1727 *L'Indigent philosophe*, nouveau journal.	**1726** Ouverture du salon de madame de Tencin.
1730 *Le Jeu de l'amour et du hasard*.	**1731** Prévost, *Manon Lescaut*.
1733-1741 : un dramaturge infatigable	**1732** Voltaire, *Zaïre*. Naissance de Beaumarchais.
1734 *La Méprise ; Le Petit-Maître corrigé*. Début de la publication de *La Vie de Marianne* (roman). *Le Paysan parvenu*, roman inachevé.	**1734** Voltaire, *Les Lettres philosophiques*.
1735 *La Mère confidente*.	**1736** Crébillon fils, *Les Égarements du cœur et de l'esprit*.
1737 *Les Fausses Confidences*.	**1741** Guerre de la succession d'Autriche.
1739 *Les Sincères*.	**1748** Montesquieu, *L'Esprit des lois*. Voltaire, *Zadig*.
1740 *L'Épreuve*.	**1750-1772** Diderot, maître d'œuvre de *L'Encyclopédie*.
1742-1763 : la consécration et la retraite	**1756-1763** Guerre de Sept Ans.
1742 Élection à l'Académie française. Fin de la publication de *La Vie de Marianne*.	**1759** Voltaire, *Candide*.
1763 Mort le 12 février de Marivaux à Paris.	**1761** Rousseau, *La Nouvelle Héloïse*.
	1762 Rousseau, *Du contrat social* ; *Émile*.

Fiche d'identité de l'œuvre

Le jeu de l'amour et du hasard

Genre : théâtre, comédie.

Auteur : Marivaux, XVIIIe siècle.

Objets d'étude : comique et comédie ; le théâtre : texte et représentation ; les Lumières.

Registres : comique, pathétique et satirique.

Structure : trois actes. Acte I (neuf scènes, dix à partir de l'édition de 1736) ; acte II (treize scènes) ; acte III (neuf scènes).

Forme : dialogue en prose.

Principaux personnages : M. Orgon, père de Silvia ; Mario, frère de Silvia ; Silvia ; Dorante, fils d'un ami de M. Orgon et prétendant de Silvia ; Lisette, femme de chambre de Silvia ; Arlequin, valet de Dorante.

Sujet : Silvia s'inquiète du mariage de convenance que son père a projeté pour elle avec Dorante. Afin de mieux observer son "futur" qu'elle ne connaît pas, elle obtient de son père d'échanger son habit et son rôle avec ceux de Lisette, sa femme de chambre. De son côté, Dorante a eu la même idée : il se présente sous le costume de son valet Arlequin qui prend, lui, la place de son maître. Se dessine alors une double intrigue amoureuse sous l'œil amusé de M. Orgon et de Mario. D'emblée, Silvia s'étonne de trouver tant d'attraits chez un domestique. Arlequin courtise Lisette que séduit l'idée d'épouser un homme qu'elle croit fort au-dessus de sa propre condition. Les masques finiront par tomber, sans vrai dommage pour les uns et les autres, mais non sans souffrance, et l'amour triomphera.

Représentations de la pièce : créée le 23 janvier 1730 par les Comédiens-Italiens, jouée depuis plus de 1 500 fois à la Comédie-Française, adaptée pour la télévision (1967), la plus célèbre pièce de Marivaux fascine par ses jeux de masques et de langage.

Illustration pour *Le Jeu de l'amour et du hasard*.
Gravure de Nicolas Lancret.

L'œuvre dans son siècle

De Louis XIV à Louis XV

QUAND LOUIS XIV meurt en 1715, la France est exsangue. Les guerres de la ligue d'Augsbourg (1688-1697) puis de la succession d'Espagne (1701-1714) ont affaibli son prestige international. La situation intérieure du royaume n'est guère meilleure. L'économie est en crise sous le poids d'une fiscalité excessive. L'absolutisme royal a étouffé les esprits et les consciences. Les persécutions religieuses ont repris vigueur contre les jansénistes et, depuis la révocation de l'édit de Nantes (1685), contre les protestants.

LA RÉGENCE DE PHILIPPE D'ORLÉANS (1715-1723) marque une rupture et opère un redressement en ouvrant une ère de paix et de relative prospérité. La France se rapproche de l'Angleterre et de la Hollande, ses ennemis traditionnels. Une tolérance religieuse s'installe. L'économie est relancée malgré la retentissante faillite du système Law, fondé sur le crédit et l'usage, alors nouveau, des billets de banque. La croissance n'en sera pas durablement bridée.

LOUIS XV, à partir de 1723, et le cardinal Fleury, son principal ministre de 1726 à 1743, poursuivent cette politique d'ouverture et d'expansion économique. Les difficultés ne manquent certes pas. Elles tiennent pour l'essentiel à l'impossibilité de réformer les structures de l'État absolutiste façonné par Louis XIV : dans les domaines notamment de la justice, de la fiscalité, de l'armée et des institutions trop centralisatrices. Ce sont autant de nuages qui assombriront plus tard la fin du règne de Louis XV. Mais, bien que personnellement ruiné par la banqueroute de Law, Marivaux aura vécu dans un royaume qui se modernise.

Les évolutions sociales

L'ESSOR DU COMMERCE ET DE L'INDUSTRIE transforme progressivement la société. Héritage d'une hiérarchisation multi-

L'œuvre dans son siècle

séculaire, celle-ci comporte officiellement toujours trois « ordres » : le clergé, la noblesse et le tiers état, vaste ensemble hétérogène regroupant tous ceux, les plus nombreux, qui n'appartiennent ni à l'Église ni à l'aristocratie. Dans la réalité, la noblesse perd de son prestige, de son influence et de son utilité. Se méfiant de ses velléités d'indépendance, le pouvoir la tient à l'écart des responsabilités. Elle-même s'exclut du monde des affaires par crainte de « déroger », de déchoir de son rang. Détentrice du pouvoir économique, la bourgeoisie monte en revanche en puissance. En dépit des innombrables laissés-pour-compte du progrès, qui se chiffrent encore par millions, une classe moyenne émerge qui échappe à la misère et à l'ignorance des campagnes.

L'éveil des « Lumières »

La vie intellectuelle connaît un regain d'effervescence. Le doute méthodique s'impose, le rationalisme progresse, la critique de la société s'approfondit. Sous leur fausse naïveté, *Les Lettres persanes* de Montesquieu (1721) n'épargnent aucune institution, qu'elle soit politique, sociale ou religieuse. Exilé en Angleterre de 1726 à 1728, Voltaire en rapporte des *Lettres philosophiques* (1734) qui sont un vibrant éloge de la liberté. Elles lui vaudront les foudres de la censure, sans que s'arrête pour autant l'émancipation des esprits. Les salons se multiplient, rassemblant autour d'une maîtresse de maison une élite mondaine et cultivée. Savants, artistes, écrivains, étrangers illustres s'y rencontrent, échangent leurs points de vue, participent à la diffusion des idées nouvelles et souvent créent l'opinion, comme chez la marquise de Lambert ou madame de Tencin dont Marivaux fréquente les salons.

La fin de l'ordre classique

Commencée dans le dernier quart du XVIIe siècle, la querelle des Anciens et des Modernes s'est achevée de fait par la

L'œuvre dans son siècle

L'œuvre dans son siècle

victoire des Modernes. L'idéal classique prônait le culte et l'imitation des œuvres de l'Antiquité, jugées d'une perfection insurpassable. Or, en 1687, dans son poème sur *Le Siècle de Louis le Grand*, Charles Perrault (1628-1703) a vanté la supériorité des réalisations et des œuvres du règne de Louis XIV sur celles de l'Antiquité. Il avançait l'idée que les arts progressaient au même titre que les sciences et les techniques. C'était contester les fondements mêmes du classicisme. Perrault récidivait dans ses *Parallèles des Anciens et des Modernes* (1688-1697) : en architecture, en peinture, dans la sculpture comme dans les domaines de l'éloquence et de la poésie, maintenait-il, les artistes et les écrivains du siècle présent l'emportaient sur leurs lointains prédécesseurs. Malgré les vives réactions des partisans des Anciens (dont Boileau, La Fontaine, La Bruyère), l'affaire finit par être entendue. L'Antiquité avait certes produit de belles œuvres, mais c'était en son temps et pour son temps. À sensibilité et connaissances nouvelles, littérature nouvelle. En 1714, la querelle s'est apaisée au bénéfice des Modernes, aux côtés desquels se range Marivaux.

Le théâtre à la recherche de nouvelles voies

AU DÉBUT DU XVIIIᵉ SIÈCLE, les principaux genres dramatiques sont en crise. La tragédie cornélienne comme la tragédie racinienne ne font plus recette. À la première, on reproche son héroïsme trop surhumain et son style trop pompeux ; à la seconde, son goût des sujets anciens et son trop grand classicisme. Dans *L'Île de la raison* (1727), Marivaux lui-même souligne le caractère invraisemblable du genre. Crébillon père s'oriente vers la tragédie pathétique et horrible ; Houdar de La Motte vers des sujets historiques, et non plus mythologiques ; Voltaire, vers la tragédie philosophique.

DEPUIS LA MORT DE MOLIÈRE en 1673, la comédie cherche également sa voie. Dancourt (1661-1725) écrit de courtes pièces en prose portant aussi bien sur l'actualité la plus immédiate

L'œuvre dans son siècle

(comme l'interdiction des jeux de hasard abordée dans *La Désolation des joueuses* en 1687) que sur des mascarades fantaisistes (*Les Vendanges de Suresnes*, 1695). Regnard, avec *Le Joueur* (1696) et *Le Légataire universel* (1708), et Lesage (*Turcaret*, 1709) sont auteurs de comédies de caractères et de mœurs où s'exprime une satire sans indulgence de la société.

MARIVAUX inaugure quant à lui la comédie dite « de sentiment ». L'obstacle n'y est plus extérieur comme dans les comédies de Molière où un père s'oppose au mariage de son fils ou de sa fille. Il est intérieur, chez les jeunes gens eux-mêmes, qui aiment sans qu'ils en aient encore conscience. D'où leur trouble, leur colère, leur volte-face, leur émoi. C'est la naissance et la « surprise » de l'amour.

La vie théâtrale

APRÈS l'austère fin de règne de Louis XIV, la vie théâtrale redevient le divertissement préféré de la bonne société. Aux amateurs de spectacles lyriques, l'Académie royale de musique (l'Opéra), fondée en 1672, propose des reprises des opéras de Lully (1632-1687) ou de Quinault (1635-1688) et monte ceux de Jean-Philippe Rameau (1683-1674). Créée en 1680, la Comédie-Française offre un répertoire varié qui oscille entre tradition et modernité : conservatoire du « théâtre classique », elle accueille les pièces nouvelles de Dancourt, Regnard ou Lesage.

À CÔTÉ de ces théâtres officiels existe un théâtre plus populaire : le Théâtre de foire, ainsi appelé parce qu'il installait ses tréteaux en plein air lors des foires de Paris. C'est le refuge de la farce, de la pantomime et des sketches bouffons.

SI DIVERSE ET DYNAMIQUE soit-elle, cette vie théâtrale n'en connaît pas moins ses rivalités et difficultés. Monter un spectacle coûte cher et le succès n'est jamais garanti d'avance. L'Église continue de menacer d'excommunication (de privation de sacrements) les comédiens qui ne se repentent pas

L'œuvre dans son siècle

avant de mourir. Même très légère sous la Régence, la censure reste une crainte car, pour jouer, il faut une autorisation de la police. Enfin, la concurrence entre les troupes est enfin vive. Le Théâtre de foire se verra ainsi interdit de chant pour ne pas concurrencer l'Opéra, et de parole pour ne pas concurrencer la Comédie-Française. Il utilisera donc des « écriteaux » que le public lira à voix haute !

Les Comédiens-Italiens

Le théâtre de Marivaux est inséparable des Comédiens-Italiens. Louis XIV les a expulsés en 1697 pour avoir déplu à madame de Maintenon ; le Régent les rappelle en 1716. Ils apportent avec eux la tradition de la *commedia dell'arte* qui privilégie l'improvisation et les *lazzis* étourdissants (jeux de scène). Ses personnages sont des types, comme le personnage ridicule de Pantalon ou le valet balourd d'Arlequin. Pour s'imposer, ces Comédiens-Italiens recherchent un répertoire qui allie la convention et la nouveauté : Marivaux le leur fournit.

Leur collaboration va durer vingt ans : d'*Arlequin poli par l'amour* (1720) à *L'Épreuve* (1740). Chez ceux-ci, Marivaux apprécie le jeu collectif, distancié et dépourvu de naturel : ils jouent et montrent qu'ils jouent sans jamais faire corps avec leurs personnages. Le masque qu'ils portent interdit d'ailleurs toute identification et accentue la théâtralité.

En 1730, la troupe est dirigée par Romagnesi qui tint peut-être le rôle de Dorante dans *Le Jeu*. Thomaso Antonio Visentini dit Thomassin était Arlequin. Antonio Baletti, dit Mario, interprétait les rôles de second amoureux ; et sa femme, Rosa Giovanna Benozzi, dite Silvia, les premières amoureuses. Ils campent les personnages qui portent leur nom.

Lire l'œuvre aujourd'hui

Longtemps, le théâtre de Marivaux a été considéré comme un aimable divertissement, élégant, raffiné, mais trop lié à l'époque révolue des salons. Sous ses apparences légères, *Le Jeu de l'amour et du hasard* soulève pourtant de graves questions, peut-être plus actuelles encore qu'au XVIIIe siècle.

Amour et discrimination sociale

Peut-on aimer et épouser quelqu'un qui n'est pas du même milieu que soi, qui n'a pas reçu la même éducation et dont la « condition », comme on disait au XVIIIe siècle, n'est pas la même ? Depuis la littérature courtoise du Moyen Âge jusqu'aux poètes romantiques du XIXe siècle et certaines de nos chansons, toute une tradition répond par l'affirmative : la passion ignorerait les barrières sociales. Dans *Le Jeu*, Marivaux se montre plus sceptique. Dorante hésite douloureusement avant de se résoudre à ce qu'il pense être une mésalliance et Silvia se reproche de s'intéresser à un valet. Certes, l'amour triomphe. Mais sa victoire demeure ambiguë, car le « hasard » fait trop bien les choses. Le faux valet se révèle un vrai fils de bonne famille ; et la fausse servante, une jeune fille de la bonne société. Un instant menacées, les conventions sociales retrouvent leurs droits : on se marie entre gens du même milieu. Malgré l'évolution des mœurs et des mentalités intervenue depuis plus de deux siècles, est-il vraiment certain que l'amour ignore les préjugés, toutes les formes de préjugés ?

Duper les autres ou se duper soi-même ?

Sous prétexte de mieux s'observer et se connaître, Dorante et Silvia se présentent l'un à l'autre sous de fausses identités. Même si leurs intentions sont louables, leur quête de la vérité n'en passe pas moins par un déguisement qui, de quelque façon qu'on le prenne, est masque et tromperie. Mais dans ce « jeu », chacun devient dupe de son propre piège. C'est par

Lire l'œuvre aujourd'hui

pitié, par justice, pour « sauver un domestique du tort qu'on peut lui faire auprès de son maître » (II, 11), que Silvia dit défendre Dorante. En fait, elle se ment, de peur de s'avouer qu'elle aime un homme portant « livrée ». Quant à Dorante, jamais il n'aurait imaginé s'éprendre d'une soubrette. À trop vouloir duper autrui, on en arrive à se duper soi-même. « Tel est pris qui croyait prendre », dit La Fontaine (*Le Rat et l'Huître*, VIII, 9) et, avec lui, la sagesse populaire. Jusqu'où être sincère dans les relations sociales et amoureuses ? S'aperçoit-on qu'on ruse avec soi ? Voilà qui reste d'une vive acuité, tant le déguisement peut être autre que vestimentaire.

À quoi sert le langage ?

S'il sert naturellement à communiquer avec autrui, le langage sert aussi à se connaître soi-même. « Ah ! Je vois clair dans mon cœur », s'exclame Silvia (II, 12). De mensonge en dénégation, d'indignation en surprise, elle accède à la plus totale sincérité et transparence. Les mots ne sont jamais neutres : ils engagent et révèlent la personnalité, même sans qu'on en ait toujours pleinement conscience. De là vient la nécessité d'en connaître les sens et les subtilités. C'est l'un des aspects les plus profonds du « marivaudage ».

LE JEU
DE L'AMOUR
ET
DU HAZARD.
COMEDIE
EN TROIS ACTES.

Représentée pour la premiere fois par les Comédiens Italiens ordinaires du Roi, le 23 Janvier 1730.

A PARIS,

Chez Briasson, Libraire, ruë Saint Jacques, à la Science.

Frontispice du *Jeu de l'amour et du hasard.*

LE JEU DE L'AMOUR ET DU HASARD.

LISETTE.

Vertuchoux! Si je me marie jamais,
ce superflu-là sera mon nécessaire.

Acte I, sc. I.

Lisette. Dessin de Bertall (Albert Arnoux, XIXe).

Le Jeu de l'amour et du hasard

Marivaux

Comédie (1730)

PERSONNAGES

Monsieur Orgon.

Mario.

Silvia.

Dorante.

Lisette, *femme de chambre de Silvia.*

Arlequin, *valet de Dorante.*

Un laquais.

La scène est à Paris.

ACTE I

Scène 1 SILVIA, LISETTE

SILVIA. Mais encore une fois, de quoi vous mêlez-vous, pourquoi répondre[1] de mes sentiments ?

LISETTE. C'est que j'ai cru que, dans cette occasion-ci, vos sentiments ressembleraient à ceux de tout le monde ; Monsieur votre père me demande si vous êtes bien aise qu'il vous marie, si vous en avez quelque joie ; moi je lui réponds qu'oui ; cela va tout de suite[2] ; et il n'y a peut-être que vous de fille au monde, pour qui ce *oui*-là ne soit pas vrai ; le *non* n'est pas naturel.

SILVIA. Le non n'est pas naturel ; quelle sotte naïveté ! Le mariage aurait donc de grands charmes pour vous ?

LISETTE. Eh bien, c'est encore *oui*, par exemple.

SILVIA. Taisez-vous, allez répondre vos impertinences ailleurs, et sachez que ce n'est pas à vous à juger de mon cœur par le vôtre.

LISETTE. Mon cœur est fait comme celui de tout le monde ; de quoi le vôtre s'avise-t-il de n'être fait comme celui de personne ?

SILVIA. Je vous dis que, si elle osait, elle m'appellerait une originale[3].

LISETTE. Si j'étais votre égale, nous verrions.

SILVIA. Vous travaillez à me fâcher[4], Lisette.

LISETTE. Ce n'est pas mon dessein ; mais, dans le fond, voyons, quel mal ai-je fait de dire à Monsieur Orgon que vous étiez bien aise d'être mariée ?

---

1. **Répondre :** donner votre avis sur.
2. **Cela va tout de suite :** cela va de soi.
3. **Originale :** folle.
4. **Vous travaillez à me fâcher :** vous faites tout pour me peiner.

SILVIA. Premièrement, c'est que tu n'as pas dit vrai, je ne m'ennuie pas d'être fille[1].

LISETTE. Cela est encore tout neuf.

SILVIA. C'est qu'il n'est pas nécessaire que mon père croie
30 me faire tant de plaisir en me mariant, parce que cela le fait agir avec une confiance qui ne servira peut-être de rien.

LISETTE. Quoi, vous n'épouserez pas celui qu'il vous destine ?

SILVIA. Que sais-je ? peut-être ne me conviendra-t-il
35 point, et cela m'inquiète.

LISETTE. On dit que votre futur est un des plus honnêtes[2] du monde, qu'il est bien fait, aimable, de bonne mine, qu'on ne peut pas avoir plus d'esprit, qu'on ne saurait être d'un meilleur caractère ; que voulez-vous de plus ? Peut-on
40 se figurer de mariage plus doux ? d'union plus délicieuse ?

SILVIA. Délicieuse ! que tu es folle avec tes expressions !

LISETTE. Ma foi, Madame, c'est qu'il est heureux qu'un amant[3] de cette espèce-là veuille se marier dans les formes ; il n'y a presque point de fille, s'il lui faisait la cour, qui ne
45 fût en danger de l'épouser sans cérémonie ; aimable, bien fait, voilà de quoi vivre pour l'amour[4] ; sociable et spirituel, voilà pour l'entretien de la société[5] : pardi, tout en sera bon, dans cet homme-là, l'utile et l'agréable, tout s'y trouve.

SILVIA. Oui, dans le portrait que tu en fais, et on dit qu'il
50 y ressemble, mais c'est un *on dit*, et je pourrais bien n'être pas de ce sentiment-là, moi ; il est bel homme, dit-on, et c'est presque tant pis.

LISETTE. Tant pis, tant pis, mais voilà une pensée bien hétéroclite[6] !

---

1. **Fille :** de ne pas être mariée.
2. **Honnêtes :** cultivés et agréables à vivre.
3. **Amant :** prétendant.
4. **Voilà de quoi vivre pour l'amour :** voilà qui entretient l'amour.
5. **L'entretien de la société :** le maintien de la vie en commun.
6. **Hétéroclite :** bizarre.

SILVIA. C'est une pensée de très bon sens ; volontiers un 55
bel homme est fat[1], je l'ai remarqué.

LISETTE. Oh, il a tort d'être fat ; mais il a raison d'être
beau.

SILVIA. On ajoute qu'il est bien fait ; passe.

LISETTE. Oui-da, cela est pardonnable. 60

SILVIA. De beauté, et de bonne mine, je l'en dispense, ce
sont là des agréments superflus.

LISETTE. Vertuchoux[2] ! si je me marie jamais, ce superflu-
là sera mon nécessaire.

SILVIA. Tu ne sais ce que tu dis ; dans le mariage, on a 65
plus souvent affaire à l'homme raisonnable qu'à l'aimable
homme : en un mot, je ne lui demande qu'un bon caractère, et cela est plus difficile à trouver qu'on ne pense ; on
loue beaucoup le sien, mais qui est-ce qui a vécu avec
lui ? Les hommes ne se contrefont-ils pas, surtout quand 70
ils ont de l'esprit ? n'en ai-je pas vu, moi, qui paraissaient,
avec leurs amis, les meilleures gens du monde ? c'est la
douceur, la raison, l'enjouement même, il n'y a pas jusqu'à
leur physionomie qui ne soit garante de toutes les bonnes
qualités qu'on leur trouve. Monsieur un tel a l'air d'un 75
galant homme, d'un homme bien raisonnable, disait-on
tous les jours d'Ergaste : Aussi l'est-il, répondait-on, je l'ai
répondu moi-même, sa physionomie ne vous ment pas
d'un mot. Oui, fiez-vous-y à cette physionomie si douce, si
prévenante, qui disparaît un quart d'heure après pour 80
faire place à un visage sombre, brutal, farouche[3], qui
devient l'effroi de toute une maison. Ergaste s'est marié ;
sa femme, ses enfants, son domestique[4] ne lui connaissent
encore que ce visage-là, pendant qu'il promène partout

---

1. **Fat** : prétentieux.
2. **Vertuchoux** : juron, déformation de « vertu dieu » pour éviter de pro-
noncer un blasphème.
3. **Farouche** : brutal.
4. **Son domestique** : son personnel de maison.

85 ailleurs cette physionomie si aimable que nous lui voyons, et qui n'est qu'un masque qu'il prend au sortir de chez lui.

LISETTE. Quel fantasque[1] avec ces deux visages !

SILVIA. N'est-on pas content de Léandre quand on le
90 voit ? Eh bien chez lui, c'est un homme qui ne dit mot, qui ne rit ni qui ne gronde ; c'est une âme glacée, solitaire, inaccessible ; sa femme ne la connaît point, n'a point de commerce[2] avec elle, elle n'est mariée qu'avec une figure[3] qui sort d'un cabinet[4], qui vient à table, et qui fait
95 expirer de langueur, de froid et d'ennui tout ce qui l'environne ; n'est-ce pas là un mari bien amusant ?

LISETTE. Je gèle au récit que vous m'en faites ; mais Tersandre, par exemple ?

SILVIA. Oui, Tersandre ! il venait l'autre jour de s'emporter
100 contre sa femme : j'arrive, on m'annonce, je vois un homme qui vient à moi les bras ouverts, d'un air serein, dégagé, vous auriez dit qu'il sortait de la conversation la plus badine ; sa bouche et ses yeux riaient encore. Le fourbe ! Voilà ce que c'est que les hommes : qui est-ce qui croit que
105 sa femme est à plaindre avec lui ? Je la trouvai toute abattue[5], le teint plombé, avec des yeux qui venaient de pleurer, je la trouvai comme je serai peut-être, voilà mon portrait à venir, je vais du moins risquer d'en être une copie. Elle me fit pitié, Lisette : si j'allais te faire pitié aussi ! Cela est
110 terrible, qu'en dis-tu ? songe à ce que c'est qu'un mari.

LISETTE. Un mari ? c'est un mari ; vous ne deviez pas finir par ce mot-là, il me raccommode avec tout le reste.

---

1. **Fantasque :** homme bizarre.
2. **Commerce :** relation, intimité.
3. **Figure :** apparence.
4. **Cabinet :** bureau personnel.
5. **Toute abattue :** « tout abattue », dirait-on aujourd'hui, l'accord de l'adverbe « tout » n'étant plus possible.

Scène 2 MONSIEUR ORGON, SILVIA, LISETTE

MONSIEUR ORGON. Eh bonjour, ma fille. La nouvelle que je viens d'annoncer te fera-t-elle plaisir ? Ton prétendu[1] est arrivé aujourd'hui, son père me l'apprend par cette lettre-ci. Tu ne me réponds rien, tu me parais triste ? Lisette de son côté baisse les yeux, qu'est-ce que cela signifie ? Parle 5 donc toi, de quoi s'agit-il ?

LISETTE. Monsieur, un visage qui fait trembler, un autre qui fait mourir de froid, une âme gelée qui se tient à l'écart, et puis le portrait d'une femme qui a le visage abattu, un teint plombé, des yeux bouffis et qui viennent 10 de pleurer ; voilà, Monsieur, tout ce que nous considérons avec tant de recueillement.

MONSIEUR ORGON. Que veut dire ce galimatias ? une âme, un portrait : explique-toi donc ! je n'y entends rien[2].

SILVIA. C'est que j'entretenais[3] Lisette du malheur d'une 15 femme maltraitée par son mari, je lui citais celle de Tersandre, que je trouvai l'autre jour fort abattue, parce que son mari venait de la quereller, et je faisais là-dessus mes réflexions.

LISETTE. Oui, nous parlions d'une physionomie qui va et 20 qui vient, nous disions qu'un mari porte un masque avec le monde, et une grimace avec sa femme.

MONSIEUR ORGON. De tout cela, ma fille, je comprends que le mariage t'alarme, d'autant plus que tu ne connais point Dorante. 25

LISETTE. Premièrement, il est beau, et c'est presque tant pis.

MONSIEUR ORGON. Tant pis ! rêves-tu avec ton *tant pis* ?

---

1. **Prétendu :** fiancé.
2. **Je n'y entends rien :** je n'y comprends rien.
3. **J'entretenais :** je parlais à.

LISETTE. Moi, je dis ce qu'on m'apprend ; c'est la doctrine de Madame, j'étudie sous elle[1].

30 **MONSIEUR ORGON.** Allons, allons, il n'est pas question de tout cela ; tiens, ma chère enfant, tu sais combien je t'aime. Dorante vient pour t'épouser ; dans le dernier voyage que je fis en province, j'arrêtai[2] ce mariage-là avec son père, qui est mon intime et mon ancien ami, mais ce
35 fut à condition que vous vous plairiez à tous deux, et que vous auriez entière liberté de vous expliquer là-dessus ; je te défends toute complaisance à mon égard. Si Dorante ne te convient point, tu n'as qu'à le dire, et il repart ; si tu ne lui convenais pas, il repart de même.

40 **LISETTE.** Un *duo* de tendresse en décidera, comme à l'Opéra : Vous me voulez, je vous veux, vite un notaire ; ou bien : M'aimez-vous ? non ; ni moi non plus, vite à cheval.

MONSIEUR ORGON. Pour moi, je n'ai jamais vu Dorante, il était absent quand j'étais chez son père ; mais sur tout
45 le bien qu'on m'en a dit, je ne saurais craindre que vous vous remerciiez ni l'un ni l'autre[3].

SILVIA. Je suis pénétrée de vos bontés, mon père, vous me défendez toute complaisance, et je vous obéirai.

MONSIEUR ORGON. Je te l'ordonne.

50 **SILVIA.** Mais si j'osais, je vous proposerais, sur une idée qui me vient, de m'accorder une grâce qui me tranquilliserait tout à fait.

MONSIEUR ORGON. Parle, si la chose est faisable je te l'accorde.

55 **SILVIA.** Elle est très faisable ; mais je crains que ce ne soit abuser de vos bontés.

MONSIEUR ORGON. Eh bien, abuse, va, dans ce monde, il faut être un peu trop bon pour l'être assez.

---

1. **Sous elle :** sous sa direction.
2. **J'arrêtai :** je décidai.
3. **Que vous vous remerciiez :** que vous vous congédiiez.

LISETTE. Il n'y a que le meilleur de tous les hommes qui puisse dire cela.

MONSIEUR ORGON. Explique-toi, ma fille.

SILVIA. Dorante arrive ici aujourd'hui ; si je pouvais le voir, l'examiner un peu sans qu'il me connût ; Lisette a de l'esprit, Monsieur, elle pourrait prendre ma place pour un peu de temps, et je prendrais la sienne.

MONSIEUR ORGON, *à part.* Son idée est plaisante. *Haut.* Laisse-moi rêver[1] un peu à ce que tu me dis là. *À part.* Si je la laisse faire, il doit arriver quelque chose de bien singulier, elle ne s'y attend pas elle-même... *Haut.* Soit, ma fille, je te permets le déguisement. Es-tu bien sûre de soutenir[2] le tien, Lisette ?

LISETTE. Moi, Monsieur, vous savez qui je suis, essayez de m'en conter[3], et manquez de respect, si vous l'osez ; à cette contenance-ci[4], voilà un échantillon des bons airs avec lesquels je vous attends, qu'en dites-vous ? hem, retrouvez-vous Lisette ?

MONSIEUR ORGON. Comment donc, je m'y trompe actuellement moi-même ; mais il n'y a point de temps à perdre, va t'ajuster[5] suivant ton rôle, Dorante peut nous surprendre, hâtez-vous, et qu'on donne le mot à toute la maison.

SILVIA. Il ne me faut presque qu'un tablier.

LISETTE. Et moi je vais à ma toilette, venez m'y coiffer, Lisette, pour vous accoutumer à vos fonctions ; un peu d'attention à votre service, s'il vous plaît.

SILVIA. Vous serez contente, Marquise, marchons.

---

1. **Laisse-moi rêver :** laisse-moi réfléchir.
2. **Soutenir :** bien tenir.
3. **M'en conter :** me courtiser.
4. **À cette contenance-ci :** à une telle apparence.
5. **T'ajuster :** t'habiller.

Scène 3 MARIO, MONSIEUR ORGON, SILVIA

MARIO. Ma sœur, je te félicite de la nouvelle que j'apprends ; nous allons voir ton amant, dit-on.

SILVIA. Oui, mon frère ; mais je n'ai pas le temps de m'arrêter, j'ai des affaires sérieuses, et mon père vous les
5 dira : je vous quitte.

MONSIEUR ORGON. Ne l'amusez pas[1], Mario, venez, vous saurez de quoi il s'agit.

MARIO. Qu'y a-t-il de nouveau, Monsieur ?

MONSIEUR ORGON. Je commence par vous recommander
10 d'être discret sur ce que je vais vous dire, au moins.

MARIO. Je suivrai vos ordres.

MONSIEUR ORGON. Nous verrons Dorante aujourd'hui ; mais nous ne le verrons que déguisé.

MARIO. Déguisé ! viendra-t-il en partie de masque[2], lui
15 donnerez-vous le bal ?

MONSIEUR ORGON. Écoutez l'article[3] de la lettre du père. Hum… « Je ne sais au reste ce que vous penserez d'une imagination[4] qui est venue à mon fils ; elle est bizarre, il en convient lui-même, mais le motif en est pardonnable et
20 même délicat ; c'est qu'il m'a prié de lui permettre de n'arriver d'abord chez vous que sous la figure de son valet, qui de son côté fera le personnage de son maître. »

MARIO. Ah, ah ! cela sera plaisant.

MONSIEUR ORGON. Écoutez le reste… « Mon fils sait
25 combien l'engagement qu'il va prendre est sérieux, et il espère, dit-il, sous ce déguisement de peu de durée, saisir

---

1. **Ne l'amusez pas :** ne la retardez pas.
2. **En partie de masque :** déguisé comme pour un bal masqué.
3. **L'article :** le bref passage.
4. **Imagination :** idée extravagante.

quelques traits du caractère de notre future[1] et la mieux connaître, pour se régler[2] ensuite sur ce qu'il doit faire, suivant la liberté que nous sommes convenus de leur laisser. Pour moi, qui m'en fie bien à ce que vous m'avez dit de votre aimable fille, j'ai consenti à tout en prenant la précaution de vous avertir, quoiqu'il m'ait demandé le secret de votre côté[3] ; vous en userez là-dessus avec la future comme vous le jugerez à propos... » Voilà ce que le père m'écrit. Ce n'est pas le tout, voici ce qui arrive ; c'est que votre sœur, inquiète de son côté sur le chapitre[4] de Dorante, dont elle ignore le secret, m'a demandé de jouer ici la même comédie, et cela précisément pour observer Dorante, comme Dorante veut l'observer. Qu'en dites-vous ? Savez-vous rien de plus particulier[5] que cela ? Actuellement, la maîtresse et la suivante se travestissent. Que me conseillez-vous, Mario ? Avertirai-je votre sœur ou non ?

MARIO. Ma foi, Monsieur, puisque les choses prennent ce train-là, je ne voudrais pas les déranger, et je respecterais l'idée qui leur est inspirée[6] à l'un et à l'autre ; il faudra bien qu'ils se parlent souvent tous deux sous ce déguisement, voyons si leur cœur ne les avertirait pas de ce qu'ils valent. Peut-être que Dorante prendra du goût pour ma sœur, toute soubrette qu'elle sera, et cela serait charmant pour elle.

MONSIEUR ORGON. Nous verrons un peu comment elle se tirera d'intrigue.

MARIO. C'est une aventure qui ne saurait manquer de nous divertir, je veux me trouver au début, et les agacer[7] tous deux.

---

1. **Future :** future mariée.
2. **Pour se régler :** pour se décider.
3. **Votre côté :** à votre égard.
4. **Sur le chapitre de :** au sujet de.
5. **De plus particulier :** de plus étonnant.
6. **Qui leur est inspirée :** qui leur est venue.
7. **Agacer :** taquiner.

Scène 4 <small>Silvia, Monsieur Orgon, Mario</small>

SILVIA. Me voilà, Monsieur, ai-je mauvaise grâce en femme de chambre ? et vous, mon frère, vous savez de quoi il s'agit apparemment, comment me trouvez-vous ?

MARIO. Ma foi, ma sœur, c'est autant de pris que le valet[1] ;
5 mais tu pourrais bien aussi escamoter Dorante à ta maîtresse.

SILVIA. Franchement, je ne haïrais pas de lui plaire sous le personnage que je joue, je ne serais pas fâchée de subjuguer sa raison, de l'étourdir un peu sur la distance[2] qu'il y aura de lui à moi ; si mes charmes font ce coup-là, ils
10 me feront plaisir, je les estimerai, d'ailleurs, cela m'aiderait à démêler[3] Dorante. À l'égard de son valet, je ne crains pas ses soupirs, ils n'oseront m'aborder, il y aura quelque chose dans ma physionomie qui inspirera plus de respect que d'amour à ce faquin[4]-là.

15 **MARIO.** Allons doucement, ma sœur, ce faquin-là sera votre égal.

MONSIEUR ORGON. Et ne manquera pas de t'aimer.

SILVIA. Eh bien, l'honneur de lui plaire ne me sera pas inutile ; les valets sont naturellement indiscrets, l'amour
20 est babillard, et j'en ferai l'historien de son maître[5].

UN VALET. Monsieur, il vient d'arriver un domestique qui demande à vous parler, il est suivi d'un crocheteur[6] qui porte une valise.

---

1. **C'est autant de pris que le valet :** c'est comme si le valet était déjà séduit.
2. **L'étourdir un peu sur la distance :** lui faire oublier l'écart des conditions sociales.
3. **Démêler :** connaître plus précisément.
4. **Faquin :** vaurien.
5. **J'en ferai l'historien de son maître :** je lui ferai raconter des histoires sur son maître.
6. **Crocheteur :** portefaix, qui portait les valises et paquets avec un crochet.

MONSIEUR ORGON. Qu'il entre : c'est sans doute le valet de Dorante ; son maître peut être resté au bureau[1] pour affaires. Où est Lisette ? 25

SILVIA. Lisette s'habille, et dans son miroir, nous trouve très imprudents de lui livrer Dorante, elle aura bientôt fait.

MONSIEUR ORGON. Doucement, on vient.

---

1. **Bureau :** bureau des messageries où l'on louait sa place dans un carrosse.

Clefs d'analyse

Acte I, scènes 1 à 4

Compréhension

Les personnages

- Observer le comportement de M. Orgon : vis-à-vis de sa fille (scène 2), puis de son fils (scènes 3 et 4).
- Observer la présentation de Dorante par Lisette et d'Ergaste par Silvia (scène 1).

L'action

- Reconstituer la chronologie des événements à partir des informations contenues dans les scènes 1, 2 et 3.
- Chercher le point commun entre tous les portraits que brosse Silvia (scène 1).

Réflexion

Le mariage

- Analyser les inquiétudes de Silvia au sujet de son prochain mariage (scène 1).
- Préciser les motivations qui conduisent Silvia et Dorante à se déguiser (scènes 2, 3 et 4).

Le comique

- Analyser la fonction comique du personnage de Lisette : face à Silvia (scène 1) puis face à M. Orgon (scène 2).
- Analyser comment se construit le comique de situation durant ces quatre scènes.

À retenir :

Au théâtre, l'exposition doit présenter l'action et les principaux personnages. Par exigence de clarté, elle est progressive (cf. les entrées successives de Silvia, de M. Orgon et de Mario). Elle doit en même temps lancer l'intrigue ; d'où la conversation saisie en cours de route (in medias res) entre Silvia et Lisette, l'idée du déguisement et l'annonce de l'arrivée imminente de Dorante.

Scène 5 DORANTE, *en valet,* MONSIEUR ORGON, SILVIA, MARIO

DORANTE. Je cherche Monsieur Orgon, n'est-ce pas à lui à qui j'ai l'honneur de faire la révérence ?

MONSIEUR ORGON. Oui, mon ami, c'est à lui-même.

DORANTE. Monsieur, vous avez sans doute reçu de nos nouvelles, j'appartiens[1] à Monsieur Dorante, qui me suit, et qui m'envoie toujours[2] devant[3] vous assurer de ses respects, en attendant qu'il vous en assure lui-même.

MONSIEUR ORGON. Tu fais ta commission de fort bonne grâce ; Lisette, que dis-tu de ce garçon-là ?

SILVIA. Moi, Monsieur, je dis qu'il est bienvenu, et qu'il promet.

DORANTE. Vous avez bien de la bonté, je fais du mieux qu'il m'est possible.

MARIO. Il n'est pas mal tourné au moins, ton cœur n'a qu'à se bien tenir, Lisette.

SILVIA. Mon cœur, c'est bien des affaires[4].

DORANTE. Ne vous fâchez pas, Mademoiselle[5], ce que dit Monsieur ne m'en fait point accroire.

SILVIA. Cette modestie-là me plaît, continuez de même.

MARIO. Fort bien ! mais il me semble que ce nom de Mademoiselle qu'il te donne est bien sérieux ; entre gens comme vous, le style des compliments ne doit pas être si grave, vous seriez toujours sur le qui-vive ; allons, traitez-vous plus commodément, tu as nom Lisette, et toi mon garçon, comment t'appelles-tu ?

---

1. **J'appartiens à :** je fais partie de la maison de.
2. **Toujours :** pendant ce temps.
3. **Devant :** avant lui.
4. **C'est bien des affaires :** c'est bien des histoires.
5. **Mademoiselle :** titre d'honneur réservé aux femmes, mariées ou non, de la noblesse.

DORANTE. Bourguignon, Monsieur, pour vous servir.

SILVIA. Eh bien, Bourguignon, soit !

DORANTE. Va donc pour Lisette, je n'en serai pas moins votre serviteur.

30 **MARIO.** Votre serviteur, ce n'est point encore là votre jargon, c'est ton serviteur qu'il faut dire.

MONSIEUR ORGON. Ah, ah, ah, ah !

SILVIA, *bas à Mario.*

Vous me jouez[1], mon frère.

35 **DORANTE.** À l'égard du tutoiement, j'attends les ordres de Lisette.

SILVIA. Fais comme tu voudras, Bourguignon, voilà la glace rompue, puisque cela divertit ces Messieurs.

DORANTE. Je t'en remercie, Lisette, et je réponds sur-le-
40 champ à l'honneur que tu me fais.

MONSIEUR ORGON. Courage, mes enfants, si vous commencez à vous aimer, vous voilà débarrassés des cérémonies.

MARIO. Oh, doucement, s'aimer, c'est une autre affaire ;
45 vous ne savez peut-être pas que j'en veux au cœur de Lisette, moi qui vous parle. Il est vrai qu'il m'est cruel, mais je ne veux pas que Bourguignon aille sur mes brisées[2].

SILVIA. Oui, le prenez-vous sur ce ton-là, et moi, je veux
50 que Bourguignon m'aime.

DORANTE. Tu te fais tort de dire je veux, belle Lisette, tu n'as pas besoin d'ordonner pour être servie.

MARIO. Mons[3] Bourguignon, vous avez pillé cette galanterie-là quelque part.

---

1. **Vous me jouez :** vous vous moquez de moi.
2. **Aille sur mes brisées :** chasse sur mes terres ; et, par extension et métaphore galante, qu'il soit mon rival.
3. **Mons :** abréviation péjorative de « Monsieur ».

DORANTE. Vous avez raison, Monsieur, c'est dans ses yeux que je l'ai prise. 55

MARIO. Tais-toi, c'est encore pis, je te défends d'avoir tant d'esprit.

SILVIA. Il ne l'a pas à vos dépens, et s'il en trouve dans mes yeux, il n'a qu'à prendre. 60

MONSIEUR ORGON. Mon fils, vous perdrez votre procès[1] ; retirons-nous, Dorante va venir, allons le dire à ma fille ; et vous, Lisette, montrez à ce garçon l'appartement de son maître ; adieu, Bourguignon.

DORANTE. Monsieur, vous me faites trop d'honneur. 65

Scène 6 SILVIA, DORANTE

SILVIA, *à part.* Ils se donnent la comédie[2], n'importe, mettons tout à profit, ce garçon-ci n'est pas sot, et je ne plains pas la soubrette qui l'aura ; il va m'en conter, laissons-le dire pourvu qu'il m'instruise.

DORANTE, *à part.* Cette fille-ci m'étonne, il n'y a point de 5 femme au monde à qui sa physionomie ne fît honneur, lions connaissance avec elle... *Haut.* Puisque nous sommes dans le style amical et que nous avons abjuré les façons[3], dis-moi, Lisette, ta maîtresse te vaut-elle ? elle est bien hardie d'oser avoir une femme de chambre comme toi. 10

SILVIA. Bourguignon, cette question-là m'annonce que, suivant la coutume, tu arrives avec l'intention de me dire des douceurs, n'est-il pas vrai ?

DORANTE. Ma foi, je n'étais pas venu dans ce dessein-là, je te l'avoue ; tout valet que je suis, je n'ai jamais eu de 15

---

1. **Vous perdrez votre procès :** vous n'aurez pas raison.
2. **Ils se donnent la comédie :** ils se moquent de moi.
3. **Façons :** manières.

grande liaison avec les soubrettes, je n'aime pas l'esprit domestique ; mais à ton égard c'est une autre affaire ; comment donc, tu me soumets, je suis presque timide, ma familiarité n'oserait s'apprivoiser avec toi, j'ai toujours
20 envie d'ôter mon chapeau de dessus ma tête, et quand je te tutoie, il me semble que je jure ; enfin j'ai un penchant à te traiter avec des respects qui te feraient rire. Quelle espèce de suivante[1] es-tu donc avec ton air de princesse ?

SILVIA. Tiens, tout ce que tu dis avoir senti en me voyant
25 est précisément l'histoire de tous les valets qui m'ont vue.

DORANTE. Ma foi, je ne serais pas surpris quand ce serait aussi l'histoire de tous les maîtres.

SILVIA. Le trait[2] est joli assurément ; mais je te le répète encore, je ne suis point faite aux cajoleries[3] de ceux dont
30 la garde-robe[4] ressemble à la tienne.

DORANTE. C'est-à-dire que ma parure ne te plaît pas ?

SILVIA. Non, Bourguignon ; laissons là l'amour, et soyons bons amis.

DORANTE. Rien que cela ? ton petit traité n'est composé
35 que de deux clauses impossibles.

SILVIA, *à part.* Quel homme pour un valet ! *Haut.* Il faut pourtant qu'il s'exécute[5] ; on m'a prédit que je n'épouserais jamais qu'un homme de condition[6], et j'ai juré depuis de n'en écouter jamais d'autres.

40 **DORANTE.** Parbleu, cela est plaisant, ce que tu as juré pour homme, je l'ai juré pour femme, moi, j'ai fait serment de n'aimer sérieusement qu'une fille de condition.

---

1. **Suivante :** demoiselle qui « suit » une femme de la haute société pour être à son service.
2. **Trait :** trait d'esprit.
3. **Je ne suis point faite aux cajoleries :** je ne suis point habituée aux flatteries.
4. **Garde-robe :** habits ; ici, la livrée de domestique.
5. **Qu'il s'exécute :** que le traité soit respecté.
6. **Un homme de condition :** un noble.

SILVIA. Ne t'écarte donc pas de ton projet.

DORANTE. Je ne m'en écarte peut-être pas tant que nous le croyons, tu as l'air bien distingué, et l'on est quelquefois fille de condition sans le savoir. 45

SILVIA. Ah, ah, ah, je te remercierais de ton éloge, si ma mère n'en faisait pas les frais.

DORANTE. Eh bien, venge-t'en sur la mienne si tu me trouves assez bonne mine pour cela. 50

SILVIA, *à part.* Il le mériterait. *Haut.* Mais ce n'est pas là de quoi il est question ; trêve de badinage, c'est un homme de condition qui m'est prédit pour époux, et je n'en rabattrai rien[1].

DORANTE. Parbleu, si j'étais tel, la prédiction me menacerait, j'aurais peur de la vérifier[2] ; je n'ai point de foi[3] à l'astrologie, mais j'en ai beaucoup à ton visage. 55

SILVIA, *à part.* Il ne tarit point... Haut. Finiras-tu, que t'importe la prédiction puisqu'elle t'exclut ?

DORANTE. Elle n'a pas prédit que je ne t'aimerais point. 60

SILVIA. Non, mais elle a dit que tu n'y gagnerais rien, et moi je te le confirme.

DORANTE. Tu fais fort bien, Lisette, cette fierté-là te va à merveille, et quoiqu'elle me fasse mon procès, je suis pourtant bien aise de te la voir ; je te l'ai souhaitée d'abord que[4] je t'ai vue, il te fallait encore cette grâce-là, et je me console d'y perdre, parce que tu y gagnes. 65

SILVIA, *à part.* Mais en vérité, voilà un garçon qui me surprend malgré que j'en aie[5]... *Haut.* Dis-moi, qui es-tu toi qui me parles ainsi ? 70

---

1. **Je n'en rabattrai rien :** je ne renoncerai pas à épouser un homme de condition.
2. **La vérifier :** être la preuve de la prédiction.
3. **Je n'ai point de foi à :** je ne crois pas à.
4. **D'abord que :** dès que.
5. **Malgré que j'en aie :** malgré moi.

DORANTE. Le fils d'honnêtes gens qui n'étaient pas riches.

SILVIA. Va, je te souhaite de bon cœur une meilleure situation que la tienne, et je voudrais pouvoir y contribuer ; la fortune[1] a tort avec toi.

75 **DORANTE.** Ma foi, l'amour a plus de tort qu'elle, j'aimerais mieux qu'il me fût permis de te demander ton cœur, que d'avoir tous les biens du monde.

SILVIA, *à part.* Nous voilà grâce au ciel en conversation réglée[2]. *Haut.* Bourguignon, je ne saurais me fâcher des
80 discours que tu me tiens ; mais je t'en prie, changeons d'entretien, venons à ton maître ; tu peux te passer de me parler d'amour, je pense ?

DORANTE. Tu pourrais bien te passer de m'en faire sentir, toi.

SILVIA. Ahi ! je me fâcherai, tu m'impatientes, encore une
85 fois laisse là ton amour.

DORANTE. Quitte donc ta figure.

SILVIA, *à part.* À la fin, je crois qu'il m'amuse… *Haut.* Eh bien, Bourguignon, tu ne veux donc pas finir, faudra-t-il que je te quitte ? À *part.* Je devrais déjà l'avoir fait.

90 **DORANTE.** Attends, Lisette, je voulais moi-même te parler d'autre chose ; mais je ne sais plus ce que c'est.

SILVIA. J'avais de mon côté quelque chose à te dire ; mais tu m'as fait perdre mes idées aussi, à moi.

DORANTE. Je me rappelle de t'avoir demandé si ta maîtresse
95 te valait.

SILVIA. Tu reviens à ton chemin par un détour, adieu.

DORANTE. Eh non, te dis-je, Lisette, il ne s'agit ici que de mon maître.

SILVIA. Eh bien soit, je voulais te parler de lui aussi, et
100 j'espère que tu voudras bien me dire confidemment[3] ce

---

1. **Fortune :** sort.
2. **En conversation réglée :** en conversation en bonne et due forme.
3. **Confidemment :** en confidence.

qu'il est ; ton attachement pour lui m'en donne bonne opinion, il faut qu'il ait du mérite puisque tu le sers.

DORANTE. Tu me permettras peut-être bien de te remercier de ce que tu me dis là, par exemple ?

SILVIA. Veux-tu bien ne prendre pas garde à l'imprudence que j'ai eue de le dire ? 105

DORANTE. Voilà encore de ces réponses qui m'emportent[1] ; fais comme tu voudras, je n'y résiste point, et je suis bien malheureux de me trouver arrêté[2] par tout ce qu'il y a de plus aimable au monde. 110

SILVIA. Et moi je voudrais bien savoir comment il se fait que j'ai la bonté de t'écouter, car assurément, cela est singulier[3] !

DORANTE. Tu as raison, notre aventure est unique.

SILVIA, *à part.* Malgré tout ce qu'il m'a dit, je ne suis point partie, je ne pars point, me voilà encore, et je 115 réponds ! En vérité, cela passe la raillerie[4]. *Haut.* Adieu.

DORANTE. Achevons donc ce que nous voulions dire.

SILVIA. Adieu, te dis-je, plus de quartier[5] ; quand ton maître sera venu, je tâcherai en faveur de ma maîtresse de le connaître par moi-même, s'il en vaut la peine ; en 120 attendant, tu vois cet appartement, c'est le vôtre.

DORANTE. Tiens, voici mon maître.

---

1. **M'emportent :** me comblent de joie.
2. **Arrêté :** retenu.
3. **Singulier :** curieux.
4. **Cela passe la raillerie :** cela va au-delà de la raillerie.
5. **Plus de quartier :** plus de pitié.

Scène 7 DORANTE, SILVIA, ARLEQUIN

ARLEQUIN. Ah, te voilà, Bourguignon ; mon porte-manteau [1] et toi, avez-vous été bien reçus ici ?

DORANTE. Il n'était pas possible qu'on nous reçût mal, Monsieur.

5 **ARLEQUIN.** Un domestique là-bas m'a dit d'entrer ici, et qu'on allait avertir mon beau-père qui était avec ma femme.

SILVIA. Vous voulez dire Monsieur Orgon et sa fille, sans doute, Monsieur ?

ARLEQUIN. Eh oui, mon beau-père et ma femme, autant
10 vaut [2], je viens pour épouser, et ils m'attendent pour être mariés, cela est convenu, il ne manque plus que la cérémonie, qui est une bagatelle.

SILVIA. C'est une bagatelle qui vaut bien la peine qu'on y pense.

15 **ARLEQUIN.** Oui, mais quand on y a pensé on n'y pense plus.

SILVIA, *bas à Dorante.* Bourguignon, on est homme de mérite à bon marché chez vous, ce me semble ?

ARLEQUIN. Que dites-vous là à mon valet, la belle ?

20 **SILVIA.** Rien, je lui dis seulement que je vais faire descendre Monsieur Orgon.

ARLEQUIN. Et pourquoi ne pas dire mon beau-père, comme moi ?

SILVIA. C'est qu'il ne l'est pas encore.

25 **DORANTE.** Elle a raison, Monsieur, le mariage n'est pas fait.

ARLEQUIN. Eh bien, me voilà pour le faire.

---

1. **Porte-manteau :** bagage.
2. **Autant vaut :** c'est la même chose.

DORANTE. Attendez donc qu'il soit fait.

ARLEQUIN. Pardi, voilà bien des façons pour un beau-père de la veille ou du lendemain.   30

SILVIA. En effet, quelle si grande différence y a-t-il entre être marié ou ne l'être pas ? Oui, Monsieur, nous avons tort, et je cours informer votre beau-père de votre arrivée.

ARLEQUIN. Et ma femme aussi, je vous prie ; mais avant que de partir, dites-moi une chose, vous qui êtes si jolie, 35 n'êtes-vous pas la soubrette de l'hôtel[1] ?

SILVIA. Vous l'avez dit.

ARLEQUIN. C'est fort bien fait, je m'en réjouis : croyez-vous que je plaise ici, comment me trouvez-vous ?

SILVIA. Je vous trouve… plaisant.   40

ARLEQUIN. Bon, tant mieux, entretenez-vous dans ce sentiment-là[2], il pourra trouver sa place.

SILVIA. Vous êtes bien modeste de vous en contenter ; mais je vous quitte, il faut qu'on ait oublié d'avertir votre beau-père, car assurément il serait venu, et j'y vais. 45

ARLEQUIN. Dites-lui que je l'attends avec affection.

SILVIA, *à part.* Que le sort est bizarre ! aucun de ces deux hommes n'est à sa place.

---

1. **Hôtel :** hôtel particulier.
2. **Entretenez-vous dans ce sentiment :** persistez dans votre sentiment [de me trouver plaisant].

Scène 8 <small>DORANTE, ARLEQUIN</small>

ARLEQUIN. Eh bien, Monsieur, mon commencement va bien ; je plais déjà à la soubrette.

DORANTE. Butor[1] que tu es !

ARLEQUIN. Pourquoi donc, mon entrée est si gentille !

5 **DORANTE.** Tu m'avais tant promis de laisser là tes façons de parler sottes et triviales, je t'avais donné de si bonnes instructions, je ne t'avais recommandé que d'être sérieux. Va, je vois bien que je suis un étourdi de m'en être fié à toi.

10 **ARLEQUIN.** Je ferai encore mieux dans les suites, et puisque le sérieux n'est pas suffisant, je donnerai du mélancolique, je pleurerai, s'il le faut.

DORANTE. Je ne sais plus où j'en suis ; cette aventure-ci m'étourdit : que faut-il que je fasse ?

15 **ARLEQUIN.** Est-ce que la fille n'est pas plaisante ?

DORANTE. Tais-toi ; voici Monsieur Orgon qui vient.

---

1. **Butor :** imbécile.

Scène 9 MONSIEUR ORGON, DORANTE, ARLEQUIN

MONSIEUR ORGON. Mon cher Monsieur, je vous demande mille pardons de vous avoir fait attendre ; mais ce n'est que de cet instant que j'apprends que vous êtes ici.

ARLEQUIN. Monsieur, mille pardons, c'est beaucoup trop, et il n'en faut qu'un quand on n'a fait qu'une faute ; au surplus, tous mes pardons sont à votre service. 5

MONSIEUR ORGON. Je tâcherai de n'en avoir pas besoin.

ARLEQUIN. Vous êtes le maître, et moi votre serviteur.

MONSIEUR ORGON. Je suis, je vous assure, charmé de vous voir, et je vous attendais avec impatience. 10

ARLEQUIN. Je serais d'abord venu ici avec Bourguignon ; mais quand on arrive de voyage, vous savez qu'on est si mal bâti[1], et j'étais bien aise de me présenter dans un état plus ragoûtant[2].

MONSIEUR ORGON. Vous y avez fort bien réussi ; ma 15
fille s'habille, elle a été un peu indisposée ; en attendant qu'elle descende, voulez-vous vous rafraîchir ?

ARLEQUIN. Oh ! je n'ai jamais refusé de trinquer avec personne.

MONSIEUR ORGON. Bourguignon, ayez soin de vous, 20
mon garçon.

ARLEQUIN. Le gaillard est gourmet, il boira du meilleur.

MONSIEUR ORGON. Qu'il ne l'épargne pas.

---

1. **Mal bâti :** peu présentable.
2. **Ragoûtant :** agréable.

Un théâtre au XVIIIe siècle.
Aquarelle de Gabriel Jacques de Saint-Aubin.

Clefs d'analyse

Acte I, scènes 5 à 9

Compréhension

Deux entrées en scène symétriques

- Observer la présentation de Dorante en valet courtois (scène 5).
- Observer la présentation d'Arlequin en maître mal dégrossi (scène 7).

Premiers étonnements

- Observer les apartés des scènes 6 et 7.
- Relever les marques de la surprise : troublante dans la scène 6, désappointée dans la scène 7.

Réflexion

Langage et condition sociale

- Analyser comment, sous leur déguisement respectif de faux valet et de faux maître, le langage trahit l'origine sociale des personnages (vocabulaire, construction des phrases, images...).
- Analyser les raisons du comportement de Mario (scène 5).

Le « jeu »

- Analyser les efforts de Silvia pour conduire la conversation avec Dorante (scène 6).
- Examiner l'impression que produisent sur le public les répliques à double sens de Dorante et de Silvia (scènes 6 et 7).

À retenir :

La rencontre de Silvia et de Dorante puis celle de Silvia et d'Arlequin constituent une première péripétie. En principe, une péripétie réside dans un événement imprévu. Elle ne l'est ici ni pour M. Orgon, ni pour Mario, ni pour le public. Mais elle l'est pour Dorante et pour Silvia. Si chacun d'eux sait qu'il joue, il ignore en effet que l'autre le joue.

Synthèse Acte I

Masques et dévoilement

Personnages

Des jeux de rôles

Les caractères de Dorante et de Silvia importent moins que leur situation. Promise par son père à Dorante, Silvia redoute la vie conjugale (scène 1). D'où son stratagème de se faire passer pour Lisette afin de mieux observer son futur mari. Toute l'action de ce premier acte est ainsi menée sous son impulsion. C'est elle qui imagine et organise le « jeu », qui invite son père et son frère à y participer. Du moins le croit-elle, car Dorante a, de son côté, la même idée. On assiste dès lors, à partir de la scène 5, à un double travestissement : les maîtres jouent aux valets, et les valets aux maîtres. De cette comédie, M. Orgon et Mario, seuls informés de ces échanges, deviennent les spectateurs privilégiés. Les déguisés toutefois jouent mal : ils sont au-dessus ou en dessous de leur emploi apparent. Ni Dorante ni Silvia, trop distingués pour des domestiques, ne possèdent le physique et l'esprit de valets ordinaires (scène 6). Aussi leur première rencontre les étonne-t-elle. Quant à Arlequin, il ignore manifestement les usages du monde (scènes 7 et 9).

Langage

Conditions et niveaux de langue

Dans ce contexte, le langage remplit une fonction primordiale. Il constitue la trame même de l'action. Les répliques rebondissent moins sur une idée que sur un mot : sur un *oui/non*, ou *passe*, par exemple (scène 1) ; sur *déguisé* (scène 5) ; sur *prédiction/prédire*, *tort* (scène 6). Le langage devient dès lors le révélateur de l'identité sociale. S'il est aisé à Dorante et à Silvia de changer d'habit, il leur est impossible de changer leurs manières de s'exprimer, de renoncer aux finesses d'une conversation.

Synthèse Acte I

Affaire de culture et d'éducation, le langage trahit leurs origines bourgeoises. Dorante sait badiner et manier le compliment : « Quel homme pour un valet ! », s'exclame Silvia à part soi (scène 6). De son côté, Arlequin, en endossant le costume de son maître, n'a pas abandonné son parler familier et populaire. Il appelle d'emblée M. Orgon son « beau-père » (scène 7) et, quand celui-ci lui propose de « se rafraîchir » (formule mondaine), il accepte volontiers de « trinquer » (formule prosaïque, scène 9).

Société

Mariage et émancipation féminine

Le mariage reste, comme au XVIIe siècle, réglé par les convenances et les intérêts, du moins dans les milieux aisés. Une évolution toutefois se dessine. Si les pères continuent d'organiser le mariage de leurs enfants, ils prennent désormais leur avis en compte. Du mariage forcé, ou de sa menace, dans les comédies de Molière (dans L'École des femmes ou dans Tartuffe, par exemple), on passe à un mariage d'inclination que les parents cherchent à favoriser – comme M. Orgon, qui n'entend pas contraindre sa fille. Il propose mais n'impose pas. Les femmes ont gagné le droit de dire leur mot sur leur propre avenir.

ACTE II

Scène 1 LISETTE, MONSIEUR ORGON

MONSIEUR ORGON. Eh bien, que me veux-tu, Lisette ?

LISETTE. J'ai à vous entretenir un moment.

MONSIEUR ORGON. De quoi s'agit-il ?

LISETTE. De vous dire l'état où sont les choses, parce
qu'il est important que vous en soyez éclairci, afin que
vous n'ayez point à vous plaindre de moi.

MONSIEUR ORGON. Ceci est donc bien sérieux.

LISETTE. Oui, très sérieux. Vous avez consenti au déguisement de Mademoiselle Silvia, moi-même je l'ai trouvé
d'abord sans conséquence, mais je me suis trompée.

MONSIEUR ORGON. Et de quelle conséquence est-il
donc ?

LISETTE. Monsieur, on a de la peine à se louer soi-même,
mais malgré toutes les règles de la modestie, il faut pourtant que je vous dise que si vous ne mettez ordre à ce
qui arrive, votre prétendu gendre n'aura plus de cœur à
donner à Mademoiselle votre fille ; il est temps qu'elle se
déclare[1], cela presse, car un jour plus tard, je n'en réponds
plus.

MONSIEUR ORGON. Eh, d'où vient qu'il ne voudra plus de
ma fille, quand il la connaîtra, te défies-tu de ses charmes ?

LISETTE. Non ; mais vous ne vous méfiez pas assez des
miens, je vous avertis qu'ils vont leur train[2], et que je ne
vous conseille pas de les laisser faire.

MONSIEUR ORGON. Je vous en fais mes compliments,
Lisette. *Il rit.* Ah, ah, ah !

LISETTE. Nous y voilà ; vous plaisantez, Monsieur, vous
vous moquez de moi. J'en suis fâchée, car vous y serez pris.

---

1. **Qu'elle se déclare :** qu'elle révèle sa véritable identité.
2. **Train :** cours.

MONSIEUR ORGON. Ne t'en embarrasse pas, Lisette, va ton chemin. 30

LISETTE. Je vous le répète encore, le cœur de Dorante va bien vite ; tenez, actuellement je lui plais beaucoup, ce soir il m'aimera, il m'adorera demain : je ne le mérite pas, il[1] est de mauvais goût, vous en direz ce qu'il vous plaira ; mais cela ne laissera pas que d'être, voyez-vous, demain je 35 me garantis adorée.

MONSIEUR ORGON. Eh bien, que vous importe : s'il vous aime tant, qu'il vous épouse.

LISETTE. Quoi ! vous ne l'en empêcheriez pas ?

MONSIEUR ORGON. Non, d'homme d'honneur, si tu le 40 mènes jusque-là.

LISETTE. Monsieur, prenez-y garde, jusqu'ici je n'ai pas aidé à mes appas[2], je les ai laissé faire tout seuls ; j'ai ménagé sa tête : si je m'en mêle, je la renverse, il n'y aura plus de remède. 45

MONSIEUR ORGON. Renverse, ravage, brûle, enfin épouse, je te le permets si tu le peux.

LISETTE. Sur ce pied-là[3] je compte ma fortune faite.

MONSIEUR ORGON. Mais dis-moi, ma fille t'a-t-elle parlé, que pense-t-elle de son prétendu ? 50

LISETTE. Nous n'avons encore guère trouvé le moment de nous parler, car ce prétendu m'obsède[4] ; mais à vue de pays[5], je ne la crois pas contente, je la trouve triste, rêveuse, et je m'attends bien qu'elle me priera de le rebuter[6].

MONSIEUR ORGON. Et moi, je te le défends ; j'évite de 55 m'expliquer avec elle, j'ai mes raisons pour faire durer ce

---

1. **Il est :** cela est ; « il » est ici un pronom neutre.
2. **Appas :** charmes.
3. **Sur ce pied-là :** dans ces conditions-là.
4. **M'obsède :** m'assiège, ne me quitte pas.
5. **À vue de pays :** à première vue.
6. **Je m'attends bien qu'elle me priera de le rebuter :** je m'attends bien à ce qu'elle me priera de le décourager.

déguisement ; je veux qu'elle examine son futur plus à loisir. Mais le valet, comment se gouverne-t-il[1] ? ne se mêle-t-il pas d'aimer ma fille ?

60 **LISETTE.** C'est un original, j'ai remarqué qu'il fait l'homme de conséquence[2] avec elle, parce qu'il est bien fait ; il la regarde et soupire.

MONSIEUR ORGON. Et cela la fâche ?

LISETTE. Mais... elle rougit.

65 **MONSIEUR ORGON.** Bon, tu te trompes ; les regards d'un valet ne l'embarrassent pas jusque-là.

LISETTE. Monsieur, elle rougit.

MONSIEUR ORGON. C'est donc d'indignation.

LISETTE À la bonne heure.

70 **MONSIEUR ORGON.** Eh bien, quand tu lui parleras, dis-lui que tu soupçonnes ce valet de la prévenir[3] contre son maître ; et si elle se fâche, ne t'en inquiète point, ce sont mes affaires : mais voici Dorante qui te cherche apparemment.

Scène 2 LISETTE, ARLEQUIN, MONSIEUR ORGON

ARLEQUIN. Ah, je vous retrouve, merveilleuse Dame, je vous demandais à tout le monde ; serviteur[4], cher beau-père ou peu s'en faut.

MONSIEUR ORGON. Serviteur. Adieu, mes enfants, je
5 vous laisse ensemble ; il est bon que vous vous aimiez un peu avant que de vous marier.

ARLEQUIN. Je ferais bien ces deux besognes-là à la fois, moi.

MONSIEUR ORGON. Point d'impatience, adieu.

---

1. **Se gouverne-t-il :** se comporte-t-il.
2. **L'homme de conséquence :** l'homme important.
3. **Prévenir :** influencer défavorablement.
4. **Serviteur :** formule de politesse pour prendre congé.

Le Jeu de l'amour et du hasard, illustration de l'acte II, scène 1.
Eau forte de Maurice Leloir, 1905.

Scène 3 <small>LISETTE, ARLEQUIN</small>

ARLEQUIN. Madame, il dit que je ne m'impatiente pas ; il en parle bien à son aise, le bonhomme.

LISETTE. J'ai de la peine à croire qu'il vous en coûte tant d'attendre, Monsieur, c'est par galanterie que vous faites
5 l'impatient, à peine êtes-vous arrivé ! votre amour ne saurait être bien fort, ce n'est tout au plus qu'un amour naissant.

ARLEQUIN. Vous vous trompez, prodige de nos jours, un amour de votre façon[1] ne reste pas longtemps au berceau ; votre premier coup d'œil a fait naître le mien, le
10 second lui a donné des forces et le troisième l'a rendu grand garçon ; tâchons de l'établir[2] au plus vite, ayez soin de lui puisque vous êtes sa mère.

LISETTE. Trouvez-vous qu'on le maltraite, est-il si abandonné ?

15 **ARLEQUIN.** En attendant qu'il soit pourvu[3], donnez-lui seulement votre belle main blanche, pour l'amuser[4] un peu.

LISETTE. Tenez donc, petit importun, puisqu'on ne saurait avoir la paix qu'en vous amusant.

20 **ARLEQUIN,** *lui baisant la main.* Cher joujou de mon âme ! cela me réjouit comme du vin délicieux, quel dommage de n'en avoir que roquille[5] !

LISETTE. Allons, arrêtez-vous, vous êtes trop avide.

---

1. **Un amour de votre façon :** un amour comme celui que vous inspirez.
2. **Établir :** procurer une situation, c'est-à-dire ici « marier ».
3. **Pourvu :** marié.
4. **Amuser :** occuper.
5. **Roquille :** la plus petite des anciennes mesures de vin, un huitième de litre, environ un verre.

ARLEQUIN. Je ne demande qu'à me soutenir[1] en attendant que je vive. 25

LISETTE. Ne faut-il pas avoir de la raison ?

ARLEQUIN. De la raison ! hélas je l'ai perdue, vos beaux yeux sont les filous qui me l'ont volée.

LISETTE. Mais est-il possible que vous m'aimiez tant ? je ne saurais me le persuader. 30

ARLEQUIN. Je ne me soucie pas de ce qui est possible, moi ; mais je vous aime comme un perdu[2], et vous verrez bien dans votre miroir que cela est juste.

LISETTE. Mon miroir ne servirait qu'à me rendre plus incrédule. 35

ARLEQUIN. Ah ! mignonne, adorable, votre humilité ne serait donc qu'une hypocrite !

LISETTE. Quelqu'un vient à nous ; c'est votre valet.

---

1. **Soutenir :** maintenir debout.
2. **Comme un perdu :** comme un fou.

Scène 4 DORANTE, ARLEQUIN, LISETTE

DORANTE. Monsieur, pourrais-je vous entretenir un moment ?

ARLEQUIN. Non : maudite soit la valetaille[1] qui ne saurait nous laisser en repos !

5 **LISETTE.** Voyez ce qu'il nous veut, Monsieur.

DORANTE. Je n'ai qu'un mot à vous dire.

ARLEQUIN. Madame, s'il en dit deux, son congé sera le troisième. Voyons ?

DORANTE, *bas à Arlequin.* Viens donc, impertinent.

10 **ARLEQUIN,** *bas à Dorante.* Ce sont des injures, et non pas des mots, cela... *À Lisette.* Ma Reine, excusez.

LISETTE. Faites, faites.

DORANTE. Débarrasse-moi de tout ceci, ne te livre point[2], parais sérieux, et rêveur, et même mécontent, entends-tu ?

15 **ARLEQUIN.** Oui, mon ami, ne vous inquiétez pas, et retirez-vous.

---

1. **Valetaille :** appellation péjorative pour désigner la domesticité.
2. **Ne te livre point :** ne montre aucune hâte.

Scène 5 ARLEQUIN, LISETTE

ARLEQUIN. Ah ! Madame, sans lui j'allais vous dire de belles choses, et je n'en trouverai plus que de communes à cette heure, hormis mon amour qui est extraordinaire ; mais à propos de mon amour, quand est-ce que le vôtre lui tiendra compagnie ?

5

LISETTE. Il faut espérer que cela viendra.

ARLEQUIN. Et croyez-vous que cela vienne ?

LISETTE. La question est vive[1] ; savez-vous bien que vous m'embarrassez ?

ARLEQUIN. Que voulez-vous ? je brûle, et je crie au feu.

10

LISETTE S'il m'était permis de m'expliquer si vite...

ARLEQUIN. Je suis du sentiment[2] que vous le pouvez en conscience.

LISETTE. La retenue de mon sexe ne le veut pas.

ARLEQUIN. Ce n'est donc pas la retenue d'à présent qui donne bien d'autres permissions.

15

LISETTE. Mais, que me demandez-vous ?

ARLEQUIN. Dites-moi un petit brin que vous m'aimez ; tenez, je vous aime moi, faites l'écho, répétez, Princesse.

LISETTE. Quel insatiable ! eh bien, Monsieur, je vous aime.

20

ARLEQUIN. Eh bien, Madame, je me meurs ; mon bonheur me confond, j'ai peur d'en courir les champs[3] ; vous m'aimez, cela est admirable !

LISETTE. J'aurais lieu à mon tour d'être étonnée de la promptitude de votre hommage ; peut-être m'aimerez-vous moins quand nous nous connaîtrons mieux.

25

---

1. **Vive :** abrupte.
2. **Je suis du sentiment :** je suis d'avis.
3. **D'en courir les champs :** battre la campagne comme un fou.

ARLEQUIN. Ah, Madame, quand nous en serons là j'y perdrai beaucoup, il y aura bien à décompter[1].

LISETTE. Vous me croyez plus de qualités que je n'en ai.

30 **ARLEQUIN.** Et vous, Madame, vous ne savez pas les miennes ; et je ne devrais vous parler qu'à genoux.

LISETTE Souvenez-vous qu'on n'est pas les maîtres de son sort.

ARLEQUIN. Les pères et mères font tout à leur tête.

35 **LISETTE.** Pour moi, mon cœur vous aurait choisi, dans quelque état[2] que vous eussiez été.

ARLEQUIN. Il a beau jeu pour me choisir encore.

LISETTE. Puis-je me flatter que vous êtes de même à mon égard ?

40 **ARLEQUIN.** Hélas, quand vous ne seriez que Perrette ou Margot, quand je vous aurais vue le martinet[3] à la main, descendre à la cave, vous auriez toujours été ma Princesse.

LISETTE. Puissent de si beaux sentiments être durables !

ARLEQUIN. Pour les fortifier de part et d'autre jurons-45 nous de nous aimer toujours en dépit de toutes les fautes d'orthographe[4] que vous aurez faites sur mon compte.

LISETTE. J'ai plus d'intérêt à ce serment-là que vous, et je le fais de tout mon cœur.

ARLEQUIN *se met à genoux.* Votre bonté m'éblouit, et je 50 me prosterne devant elle.

LISETTE. Arrêtez-vous, je ne saurais vous souffrir[5] dans cette posture-là, je serais ridicule de vous y laisser ; levez-vous. Voilà encore quelqu'un.

---

1. **À décompter :** à rabattre sur le prix.
2. **État :** condition sociale.
3. **Martinet :** petit chandelier (que porte ou apporte une servante).
4. **Fautes d'orthographe :** métaphore désignant ici les erreurs d'appréciation sur les identités véritables.
5. **Souffrir :** supporter.

Scène 6 LISETTE, ARLEQUIN, SILVIA

LISETTE. Que voulez-vous, Lisette ?

SILVIA. J'aurais à vous parler, Madame.

ARLEQUIN. Ne voilà-t-il pas[1] ! Eh, ma mie, revenez dans un quart d'heure, allez, les femmes de chambre de mon pays n'entrent point qu'on ne les appelle.   5

SILVIA. Monsieur, il faut que je parle à Madame.

ARLEQUIN. Mais voyez l'opiniâtre soubrette ! Reine de ma vie, renvoyez-la. Retournez-vous-en, ma fille, nous avons ordre de nous aimer avant qu'on nous marie, n'interrompez point nos fonctions.   10

LISETTE. Ne pouvez-vous pas revenir dans un moment, Lisette ?

SILVIA. Mais, Madame…

ARLEQUIN. Mais ! Ce mais-là n'est bon qu'à me donner la fièvre.   15

SILVIA, *à part les premiers mots.* Ah le vilain homme ! Madame, je vous assure que cela est pressé.

LISETTE. Permettez donc que je m'en défasse, Monsieur.

ARLEQUIN. Puisque le diable le veut, et elle aussi… patience… je me promènerai en attendant qu'elle ait fait.   20 Ah, les sottes gens que nos gens !

---

1. **Ne voilà-t-il pas** ! : quoi donc !

Clefs d'analyse

Acte II, scènes 1 à 6

Compréhension

Structure

- Reconstituer ce qui s'est passé entre les deux actes à partir des informations contenues dans la scène 1.
- Observer le parallélisme des scènes 4 et 6.

Illusions et allusions

- Observer la différence de comportement de M. Orgon dans les scènes 1 et 2.
- Relever les répliques à double sens qu'échangent Lisette et Arlequin dans la scène 5.

Réflexion

Des valets amoureux

- Analyser la stratégie de Lisette (espoirs et inquiétudes) dans les scènes 1, 3 et 5.
- Analyser le langage galant d'Arlequin (vocabulaire, métaphores, hyperboles...) dans les scènes 3 et 5.

Des maîtres humiliés

- Expliquer l'intervention de Dorante (scène 4) puis de Silvia (scène 6).
- Analyser et interpréter la manière dont Arlequin et Lisette parlent à Dorante et à Silvia.

À retenir :

Le quiproquo repose sur une méprise qui fait prendre quelqu'un pour quelqu'un d'autre. Tout déguisement le provoque presque infailliblement. Dans l'univers de la comédie, c'est une source de comique. Le quiproquo est ici double : Lisette prend Arlequin pour un vrai maître, lequel prend Lisette pour une vraie fille de famille. Le spectateur ne peut que sourire de leurs réactions.

Scène 7 SILVIA, LISETTE

SILVIA. Je vous trouve admirable de ne pas le renvoyer tout d'un coup, et de me faire essuyer les brutalités[1] de cet animal-là.

LISETTE. Pardi, Madame, je ne puis pas jouer deux rôles à la fois ; il faut que je paraisse ou la maîtresse, ou la suivante, que j'obéisse ou que j'ordonne.

SILVIA. Fort bien ; mais puisqu'il n'y est plus, écoutez-moi comme votre maîtresse : vous voyez bien que cet homme-là ne me convient point.

LISETTE. Vous n'avez pas eu le temps de l'examiner beaucoup.

SILVIA. Êtes-vous folle avec votre examen ? Est-il nécessaire de le voir deux fois pour juger du peu de convenance[2] ? En un mot, je n'en veux point. Apparemment que mon père n'approuve pas la répugnance qu'il me voit, car il me fuit, et ne me dit mot ; dans cette conjoncture, c'est à vous à me tirer tout doucement d'affaire, en témoignant adroitement à ce jeune homme que vous n'êtes pas dans le goût de l'épouser.

LISETTE. Je ne saurais, Madame.

SILVIA. Vous ne sauriez ! et qu'est-ce qui vous en empêche ?

LISETTE. Monsieur Orgon me l'a défendu.

SILVIA. Il vous l'a défendu ! Mais je ne reconnais point mon père à ce procédé-là.

LISETTE. Positivement défendu.

SILVIA. Eh bien, je vous charge de lui dire mes dégoûts, et de l'assurer qu'ils sont invincibles ; je ne saurais me persuader qu'après cela il veuille pousser les choses plus loin.

LISETTE. Mais, Madame, le futur, qu'a-t-il donc de si désagréable, de si rebutant ?

---

1. **Essuyer les brutalités :** subir les grossièretés.
2. **Du peu de convenance :** du peu de rapport [entre le pseudo Dorante et moi].

30   **SILVIA.** Il me déplaît, vous dis-je, et votre peu de zèle aussi.

LISETTE. Donnez-vous le temps de voir ce qu'il est, voilà tout ce qu'on vous demande.

SILVIA. Je le hais assez sans prendre du temps pour le haïr davantage.

35   **LISETTE.** Son valet qui fait l'important ne vous aurait-il point gâté l'esprit[1] sur son compte ?

SILVIA. Hum, la sotte ! son valet a bien affaire ici !

LISETTE. C'est que je me méfie de lui, car il est raisonneur.

SILVIA. Finissez vos portraits, on n'en a que faire ; j'ai soin
40 que ce valet me parle peu, et dans le peu qu'il m'a dit, il ne m'a jamais rien dit que de très sage.

LISETTE. Je crois qu'il est homme à vous avoir conté des histoires maladroites[2], pour faire briller son bel esprit.

SILVIA. Mon déguisement ne m'expose-t-il pas à m'enten-
45 dre dire de jolies choses ! à qui en avez-vous ? d'où vous vient la manie d'imputer à ce garçon une répugnance à laquelle il n'a point de part ? Car enfin, vous m'obligez à le justifier, il n'est pas question de le brouiller avec son maître, ni d'en faire un fourbe pour me faire, moi, une
50 imbécile qui écoute ses histoires.

LISETTE. Oh, Madame, dès que vous le défendez sur ce ton-là, et que cela va jusqu'à vous fâcher, je n'ai plus rien à dire.

SILVIA. Dès que[3] je vous le défends sur ce ton-là ! qu'est-ce que c'est que le ton dont vous dites cela vous-même ?
55 Qu'entendez-vous par ce discours, que se passe-t-il dans votre esprit ?

LISETTE. Je dis, Madame, que je ne vous ai jamais vue comme vous êtes, et que je ne conçois rien à votre aigreur[4]. Eh bien, si ce valet n'a rien dit, à la bonne heure,

---

1. **Gâté l'esprit :** nui dans l'idée que vous vous faites.
2. **Histoires maladroites :** histoires déplacées.
3. **Dès que :** puisque.
4. **Je ne conçois rien à votre aigreur :** je ne comprends pas votre mauvaise humeur.

il ne faut pas vous emporter pour le justifier, je vous crois, 60
voilà qui est fini, je ne m'oppose pas à la bonne opinion
que vous en avez, moi.

SILVIA. Voyez-vous le mauvais esprit ! comme elle tourne
les choses ! je me sens dans une indignation… qui… va
jusqu'aux larmes. 65

LISETTE. En quoi donc, Madame ? Quelle finesse entendez-
vous à ce que je dis ?

SILVIA. Moi, j'y entends finesse ! moi, je vous querelle
pour lui ! j'ai bonne opinion de lui ! Vous me manquez
de respect jusque-là ! Bonne opinion, juste ciel ! Bonne 70
opinion ! Que faut-il que je réponde à cela ? qu'est-ce que
cela veut dire, à qui parlez-vous ? qui est-ce qui est à
l'abri de ce qui m'arrive, où en sommes-nous ?

LISETTE. Je n'en sais rien, mais je ne reviendrai de longtemps de la surprise où vous me jetez. 75

SILVIA. Elle a des façons de parler qui me mettent hors
de moi ; retirez-vous, vous m'êtes insupportable, laissez-
moi, je prendrai d'autres mesures.

Scène 8 SILVIA

SILVIA. Je frissonne encore de ce que je lui ai entendu
dire ; avec quelle impudence les domestiques ne nous
traitent-ils pas dans leur esprit ? comme ces gens-là vous
dégradent ! je ne saurais m'en remettre, je n'oserais songer
aux termes dont elle s'est servie, ils me font toujours 5
peur. Il s'agit d'un valet. Ah l'étrange chose ! écartons
l'idée dont cette insolente est venue me noircir l'imagination. Voici Bourguignon, voilà cet objet [1] en question pour
lequel je m'emporte ; mais ce n'est pas sa faute, le pauvre
garçon, et je ne dois pas m'en prendre à lui. 10

---

1. **Objet :** personne aimée (métaphore précieuse).

Scène 9 Dorante, Silvia

DORANTE. Lisette, quelque éloignement[1] que tu aies pour moi, je suis forcé de te parler, je crois que j'ai à me plaindre de toi.

SILVIA. Bourguignon, ne nous tutoyons plus, je t'en prie.

5 **DORANTE.** Comme tu voudras.

SILVIA. Tu n'en fais pourtant rien.

DORANTE. Ni toi non plus, tu me dis : je t'en prie.

SILVIA. C'est que cela m'est échappé.

DORANTE. Eh bien, crois-moi, parlons comme nous pour-
10 rons, ce n'est pas la peine de nous gêner pour le peu de temps que nous avons à nous voir.

SILVIA. Est-ce que ton maître s'en va ? il n'y aurait pas grande perte.

DORANTE. Ni à moi non plus[2], n'est-il pas vrai ? j'achève
15 ta pensée.

SILVIA. Je l'achèverais bien moi-même si j'en avais envie : mais je ne songe pas à toi.

DORANTE. Et moi, je ne te perds point de vue.

SILVIA. Tiens, Bourguignon, une bonne fois pour toutes,
20 demeure, va-t'en, reviens, tout cela doit m'être indifférent, et me l'est en effet, je ne te veux ni bien ni mal, je ne te hais, ni ne t'aime, ni ne t'aimerai à moins que l'esprit ne me tourne[3] ; voilà mes dispositions, ma raison ne m'en permet point d'autres, et je devrais me dispenser de te le
25 dire.

---

1. **Éloignement :** indifférence.
2. **Ni à moi non plus :** formule elliptique pour : « il n'y aurait pas grande perte à mon départ non plus ».
3. **À moins que l'esprit ne me tourne :** à moins que je ne perde la tête.

DORANTE. Mon malheur est inconcevable, tu m'ôtes peut-être tout le repos de ma vie.

SILVIA. Quelle fantaisie[1] il s'est allé mettre dans l'esprit ! il me fait de la peine : reviens à toi ; tu me parles, je te réponds, c'est beaucoup, c'est trop même, tu peux m'en 30 croire, et si tu étais instruit, en vérité tu serais content de moi, tu me trouverais d'une bonté sans exemple, d'une bonté que je blâmerais dans une autre : je ne me la reproche pourtant pas, le fond de mon cœur me rassure, ce que je fais est louable, c'est par générosité que je te parle, 35 mais il ne faut pas que cela dure, ces générosités-là ne sont bonnes qu'en passant, et je ne suis pas faite pour me rassurer toujours sur l'innocence de mes intentions ; à la fin, cela ne ressemblerait plus à rien ; ainsi finissons, Bourguignon, finissons je t'en prie ; qu'est-ce que cela 40 signifie ? c'est se moquer, allons, qu'il n'en soit plus parlé.

DORANTE. Ah, ma chère Lisette, que je souffre !

SILVIA. Venons à ce que tu voulais me dire ; tu te plaignais de moi quand tu es entré, de quoi était-il question ?

DORANTE. De rien, d'une bagatelle, j'avais envie de te 45 voir, et je crois que je n'ai pris qu'un prétexte.

SILVIA, *à part.* Que dire à cela ? quand je m'en fâcherais, il n'en serait ni plus ni moins.

DORANTE. Ta maîtresse en partant a paru m'accuser de t'avoir parlé au désavantage de mon maître. 50

SILVIA. Elle se l'imagine, et si elle t'en parle encore, tu peux le nier hardiment, je me charge du reste.

DORANTE. Eh, ce n'est pas cela qui m'occupe !

SILVIA. Si tu n'as que cela à me dire, nous n'avons plus que faire ensemble. 55

DORANTE. Laisse-moi du moins le plaisir de te voir.

---

1. **Fantaisie :** idée folle.

SILVIA. Le beau motif qu'il me fournit là ! j'amuserai[1] la passion de Bourguignon ! le souvenir de tout ceci me fera bien rire un jour.

60 **DORANTE.** Tu me railles, tu as raison, je ne sais ce que je dis, ni ce que je te demande ; adieu.

SILVIA. Adieu, tu prends le bon parti... Mais, à propos de tes adieux, il me reste encore une chose à savoir. Vous partez, m'as-tu dit, cela est-il sérieux ?

65 **DORANTE.** Pour moi, il faut que je parte, ou que la tête me tourne.

SILVIA. Je ne t'arrêtais pas pour cette réponse-là, par exemple.

DORANTE. Et je n'ai fait qu'une faute, c'est de n'être pas
70 parti dès que je t'ai vue.

SILVIA, *à part.* J'ai besoin à tout moment d'oublier que je l'écoute.

DORANTE. Si tu savais, Lisette, l'état où je me trouve...

SILVIA. Oh, il n'est pas si curieux à savoir que le mien, je
75 t'en assure.

DORANTE. Que peux-tu me reprocher ? je ne me propose pas de te rendre sensible[2].

SILVIA, *à part.* Il ne faudrait pas s'y fier.

DORANTE. Et que pourrais-je espérer en tâchant de me
80 faire aimer ? hélas ! quand même j'aurais ton cœur...

SILVIA. Que le ciel m'en préserve ! quand tu l'aurais, tu ne le saurais pas, et je ferais si bien que je ne le saurais pas moi-même : tenez, quelle idée il lui vient là !

DORANTE. Il est donc bien vrai que tu ne me hais, ni ne
85 m'aimes, ni ne m'aimeras ?

SILVIA. Sans difficulté.

DORANTE. Sans difficulté ! Qu'ai-je donc de si affreux ?

---

1. **J'amuserai :** j'entretiendrai en vain.
2. **Sensible :** amoureuse.

SILVIA. Rien, ce n'est pas là ce qui te nuit.

DORANTE. Eh bien, chère Lisette, dis-le-moi cent fois, que tu ne m'aimeras point.   90

SILVIA. Oh, je te l'ai assez dit, tâche de me croire.

DORANTE. Il faut que je le croie ! Désespère une passion dangereuse, sauve-moi des effets que j'en crains ; tu ne me hais, ni ne m'aimes, ni ne m'aimeras ! accable mon cœur de cette certitude-là ! j'agis de bonne foi, donne-moi   95 du secours contre moi-même, il m'est nécessaire, je te le demande à genoux. *Il se jette à genoux. Dans ce moment, Monsieur Orgon et Mario entrent et ne disent mot.*

SILVIA. Ah, nous y voilà ! il ne manquait plus que cette façon-là[1] à mon aventure ; que je suis malheureuse ! c'est 100 ma facilité[2] qui le place là ; lève-toi donc, Bourguignon, je t'en conjure, il peut venir quelqu'un, je dirai ce qu'il te plaira, que me veux-tu ? je ne te hais point, lève-toi, je t'aimerais si je pouvais, tu ne me déplais point, cela doit te suffire.   105

DORANTE. Quoi, Lisette, si je n'étais pas ce que je suis, si j'étais riche, d'une condition honnête[3], et que je t'aimasse autant que je t'aime, ton cœur n'aurait point de répugnance pour moi ?

SILVIA. Assurément.   110

DORANTE. Tu ne me haïrais pas, tu me souffrirais ?

SILVIA. Volontiers, mais lève-toi.

DORANTE. Tu parais le dire sérieusement ; et si cela est, ma raison est perdue.

SILVIA. Je dis ce que tu veux, et tu ne te lèves point.   115

---

1. **Cette façon-là :** cette manière d'agir.
2. **Facilité :** complaisance.
3. **D'une condition honnête :** d'une condition sociale honorable.

Scène 10 MONSIEUR ORGON, MARIO, SILVIA, DORANTE

MONSIEUR ORGON. C'est bien dommage de vous interrompre, cela va à merveille, mes enfants, courage !

SILVIA. Je ne saurais empêcher ce garçon de se mettre à genoux, Monsieur, je ne suis pas en état de lui en impo-
5 ser[1], je pense.

MONSIEUR ORGON. Vous vous convenez parfaitement bien tous deux ; mais j'ai à te dire un mot, Lisette, et vous reprendrez votre conversation quand nous serons partis : vous le voulez bien, Bourguignon ?

10 **DORANTE.** Je me retire, Monsieur.

MONSIEUR ORGON. Allez, et tâchez de parler de votre maître avec un peu plus de ménagement que vous ne faites.

DORANTE. Moi, Monsieur ?

15 **MARIO.** Vous-même, Mons Bourguignon ; vous ne brillez pas trop dans le respect que vous avez pour votre maître, dit-on.

DORANTE. Je ne sais ce qu'on veut dire.

MONSIEUR ORGON. Adieu, adieu ; vous vous justifierez
20 une autre fois.

---

1. **Lui en imposer :** lui commander du respect.

Scène 11 SILVIA, MARIO, MONSIEUR ORGON

MONSIEUR ORGON. Eh bien, Silvia, vous ne nous regardez pas, vous avez l'air tout embarrassé.

SILVIA. Moi, mon père ! et où serait le motif de mon embarras ? Je suis, grâce au ciel, comme à mon ordinaire ; je suis fâchée de vous dire que c'est une idée[1].

MARIO. Il y a quelque chose, ma sœur, il y a quelque chose.

SILVIA. Quelque chose dans votre tête, à la bonne heure, mon frère ; mais, pour dans la mienne, il n'y a que l'étonnement de ce que vous dites.

MONSIEUR ORGON. C'est donc ce garçon qui vient de sortir qui t'inspire cette extrême antipathie que tu as pour son maître ?

SILVIA. Qui ? le domestique de Dorante ?

MONSIEUR ORGON. Oui, le galant Bourguignon.

SILVIA. Le galant Bourguignon, dont je ne savais pas l'épithète, ne me parle pas de lui.

MONSIEUR ORGON. Cependant, on prétend que c'est lui qui le détruit[2] auprès de toi, et c'est sur quoi j'étais bien aise de te parler.

SILVIA. Ce n'est pas la peine, mon père, et personne au monde que son maître ne m'a donné l'aversion naturelle que j'ai pour lui.

MARIO. Ma foi, tu as beau dire, ma sœur, elle est trop forte pour être si naturelle, et quelqu'un y a aidé.

SILVIA, *avec vivacité*. Avec quel air mystérieux vous me dites cela, mon frère ! Et qui est donc ce quelqu'un qui y a aidé ? Voyons.

1. **Idée :** pure imagination.
2. **Le détruit :** le discrédite.

MARIO. Dans quelle humeur es-tu, ma sœur, comme tu t'emportes !

30 **SILVIA.** C'est que je suis bien lasse de mon personnage, et je me serais déjà démasquée si je n'avais pas craint de fâcher mon père.

MONSIEUR ORGON. Gardez-vous-en bien, ma fille, je viens ici pour vous le recommander ; puisque j'ai eu la 35 complaisance de vous permettre votre déguisement, il faut, s'il vous plaît, que vous ayez celle de suspendre votre jugement sur Dorante, et de voir si l'aversion qu'on vous a donnée pour lui est légitime.

SILVIA. Vous ne m'écoutez donc point, mon père ! Je 40 vous dis qu'on ne me l'a point donnée.

MARIO. Quoi, ce babillard qui vient de sortir ne t'a pas un peu dégoûtée de lui ?

SILVIA, *avec feu.* Que vos discours sont désobligeants ! M'a dégoûtée de lui, dégoûtée ! J'essuie des expressions 45 bien étranges ; je n'entends plus que des choses inouïes, qu'un langage inconcevable ; j'ai l'air embarrassé, il y a quelque chose, et puis c'est le galant Bourguignon qui m'a dégoûtée, c'est tout ce qu'il vous plaira, mais je n'y entends rien.

50 **MARIO.** Pour le coup, c'est toi qui es étrange : à qui en as-tu donc ? D'où vient que tu es si fort sur le qui-vive, dans quelle idée nous soupçonnes-tu ?

SILVIA. Courage, mon frère, par quelle fatalité aujourd'hui ne pouvez-vous me dire un mot qui ne me choque ? Quel 55 soupçon voulez-vous qui me vienne ? Avez-vous des visions[1] ?

MONSIEUR ORGON. Il est vrai que tu es si agitée que je ne te reconnais point non plus. Ce sont apparemment ces mouvements-là[2] qui sont cause que Lisette nous a parlé 60 comme elle a fait ; elle accusait ce valet de ne t'avoir pas

---

1. **Visions :** idées extravagantes.
2. **Ces mouvements-là :** ces réactions-là.

entretenue à l'avantage de son maître, et Madame, nous a-t-elle dit, l'a défendu contre moi avec tant de colère, que j'en suis encore toute surprise, et c'est sur ce mot de surprise que nous l'avons querellée ; mais ces gens-là ne savent pas la conséquence d'un mot. 65

SILVIA. L'impertinente ! y a-t-il rien de plus haïssable que cette fille-là ? J'avoue que je me suis fâchée par un esprit de justice pour ce garçon.

MARIO. Je ne vois point de mal à cela.

SILVIA. Y a-t-il rien de plus simple ? Quoi, parce que je 70 suis équitable, que je veux qu'on ne nuise à personne, que je veux sauver un domestique du tort qu'on peut lui faire auprès de son maître, on dit que j'ai des emportements, des fureurs dont on est surprise : un moment après un mauvais esprit raisonne, il faut se fâcher, il faut 75 la faire taire, et prendre mon parti contre elle à cause de la conséquence de ce qu'elle dit ? Mon parti ! J'ai donc besoin qu'on me défende, qu'on me justifie ? On peut donc mal interpréter ce que je fais ? Mais que fais-je ? De quoi m'accuse-t-on ? Instruisez-moi, je vous en conjure ; 80 cela est-il sérieux, me joue-t-on, se moque-t-on de moi ? Je ne suis pas tranquille.

MONSIEUR ORGON. Doucement donc.

SILVIA. Non, Monsieur, il n'y a point de douceur qui tienne : comment donc, des surprises, des conséquences ! 85 Eh qu'on s'explique, que veut-on dire ? On accuse ce valet, et on a tort ; vous vous trompez tous, Lisette est une folle, il est innocent, et voilà qui est fini ; pourquoi donc m'en reparler encore ? car je suis outrée !

MONSIEUR ORGON. Tu te retiens, ma fille, tu aurais 90 grande envie de me quereller aussi ; mais faisons mieux, il n'y a que ce valet qui soit suspect ici, Dorante n'a qu'à le chasser.

SILVIA. Quel malheureux déguisement ! Surtout que Lisette ne m'approche pas, je la hais plus que Dorante. 95

71

MONSIEUR ORGON. Tu la verras si tu veux, mais tu dois être charmée que ce garçon s'en aille, car il t'aime, et cela t'importune assurément.

SILVIA. Je n'ai point à m'en plaindre, il me prend pour
100 une suivante, et il me parle sur ce ton-là ; mais il ne me dit pas ce qu'il veut, j'y mets bon ordre.

MARIO. Tu n'en es pas tant la maîtresse que tu le dis bien.

MONSIEUR ORGON. Ne l'avons-nous pas vu se mettre à
105 genoux malgré toi ? n'as-tu pas été obligée, pour le faire lever, de lui dire qu'il ne te déplaisait pas ?

SILVIA, *à part.* J'étouffe.

MARIO. Encore a-t-il fallu, quand il t'a demandé si tu l'aimerais, que tu aies tendrement ajouté : Volontiers, sans
110 quoi il y serait encore.

SILVIA. L'heureuse apostille[1], mon frère ! mais comme l'action m'a déplu, la répétition n'en est pas aimable ; ah ça parlons sérieusement, quand finira la comédie que vous donnez sur mon compte ?

115 **MONSIEUR ORGON.** La seule chose que j'exige de toi, ma fille, c'est de ne te déterminer à le refuser qu'avec connaissance de cause ; attends encore, tu me remercieras du délai que je demande, je t'en réponds.

MARIO. Tu épouseras Dorante, et même avec inclination,
120 je te le prédis... Mais, mon père, je vous demande grâce pour le valet.

SILVIA. Pourquoi grâce ? et moi je veux qu'il sorte.

MONSIEUR ORGON. Son maître en décidera, allons-nous-en.

MARIO. Adieu, adieu ma sœur, sans rancune.

---

1. **Apostille :** annotation en marge ou en bas d'un écrit.

Scène 12 SILVIA *seule,* DORANTE *qui vient peu après.*

SILVIA. Ah, que j'ai le cœur serré ! Je ne sais ce qui se mêle à l'embarras où je me trouve, toute cette aventure-ci m'afflige, je me défie de tous les visages, je ne suis contente de personne, je ne le suis pas de moi-même.

DORANTE. Ah, je te cherchais, Lisette.   5

SILVIA. Ce n'était pas la peine de me trouver, car je te fuis, moi.

DORANTE. Arrête donc, Lisette, j'ai à te parler pour la dernière fois, il s'agit d'une chose de conséquence qui regarde tes maîtres.   10

SILVIA. Va la dire à eux-mêmes, je ne te vois jamais que[1] tu ne me chagrines, laisse-moi.

DORANTE. Je t'en offre autant ; mais écoute-moi, te dis-je, tu vas voir les choses bien changer de face, par ce que je te vais dire.   15

SILVIA. Eh bien, parle donc, je t'écoute, puisqu'il est arrêté que ma complaisance pour toi sera éternelle.

DORANTE. Me promets-tu le secret ?

SILVIA. Je n'ai jamais trahi personne.

DORANTE. Tu ne dois la confidence que je vais te faire   20 qu'à l'estime que j'ai pour toi.

SILVIA. Je le crois ; mais tâche de m'estimer sans me le dire, car cela sent le prétexte.

DORANTE. Tu te trompes, Lisette : tu m'as promis le secret ; achevons, tu m'as vu dans de grands mouvements,   25 je n'ai pu me défendre[2] de t'aimer.

SILVIA. Nous y voilà : je me défendrai bien de t'entendre, moi ; adieu.

---

1. **Que :** sans que.
2. **Me défendre :** m'empêcher.

DORANTE. Reste, ce n'est plus Bourguignon qui te parle.

30 **SILVIA.** Eh, qui es-tu donc ?

DORANTE. Ah, Lisette ! c'est ici où tu vas juger des peines qu'a dû ressentir mon cœur.

SILVIA. Ce n'est pas à ton cœur à qui je parle, c'est à toi.

DORANTE. Personne ne vient-il ?

35 **SILVIA.** Non.

DORANTE. L'état où sont toutes les choses me force à te le dire, je suis trop honnête homme pour n'en pas arrêter le cours.

SILVIA. Soit.

40 **DORANTE.** Sache que celui qui est avec ta maîtresse n'est pas ce qu'on pense.

SILVIA, *vivement.* Qui est-il donc ?

DORANTE. Un valet.

SILVIA. Après ?

45 **DORANTE.** C'est moi qui suis Dorante.

SILVIA, *à part.* Ah ! je vois clair dans mon cœur.

DORANTE. Je voulais sous cet habit pénétrer[1] un peu ce que c'était que ta maîtresse, avant que de l'épouser. Mon père, en partant[2], me permit ce que j'ai fait, et l'événe- 50 ment[3] m'en paraît un songe : je hais la maîtresse dont je devais être l'époux, et j'aime la suivante qui ne devait trouver en moi qu'un nouveau maître. Que faut-il que je fasse à présent ? Je rougis pour elle de le dire, mais ta maîtresse a si peu de goût qu'elle est éprise de mon valet 55 au point qu'elle l'épousera si on le laisse faire. Quel parti prendre ?

SILVIA, *à part.* Cachons-lui qui je suis… *Haut.* Votre situation est neuve assurément ! mais, Monsieur, je vous

---

1. **Pénétrer :** découvrir.
2. **En partant :** à mon départ.
3. **Événement :** résultat.

fais d'abord mes excuses de tout ce que mes discours ont pu avoir d'irrégulier dans nos entretiens. 60

DORANTE, *vivement*. Tais-toi, Lisette ; tes excuses me chagrinent, elles me rappellent la distance qui nous sépare, et ne me la rendent que plus douloureuse.

SILVIA. Votre penchant pour moi est-il si sérieux ? m'aimez-vous jusque-là ? 65

DORANTE. Au point de renoncer à tout engagement[1], puisqu'il ne m'est pas permis d'unir mon sort au tien ; et dans cet état, la seule douceur que je pouvais goûter, c'était de croire que tu ne me haïssais pas.

SILVIA. Un cœur qui m'a choisie dans la condition où je 70 suis, est assurément bien digne qu'on l'accepte, et je le payerais volontiers du mien, si je ne craignais pas de le jeter dans un engagement qui lui ferait tort.

DORANTE. N'as-tu pas assez de charmes, Lisette ? y ajoutes-tu encore la noblesse avec laquelle tu me parles ? 75

SILVIA. J'entends quelqu'un, patientez encore sur l'article de votre valet, les choses n'iront pas si vite, nous nous reverrons, et nous chercherons les moyens de vous tirer d'affaire.

DORANTE. Je suivrai tes conseils. *Il sort.* 80

SILVIA. Allons, j'avais grand besoin que ce fût là Dorante.

---

1. **Engagement :** mariage.

Scène 13 SILVIA, MARIO

MARIO. Je viens te retrouver, ma sœur : nous t'avons laissée dans des inquiétudes qui me touchent : je veux t'en tirer, écoute-moi.

SILVIA, *vivement.* Ah vraiment, mon frère, il y a bien d'autres nouvelles !

MARIO. Qu'est-ce que c'est ?

SILVIA. Ce n'est point Bourguignon, mon frère, c'est Dorante.

MARIO. Duquel parlez-vous donc ?

SILVIA. De lui, vous dis-je, je viens de l'apprendre tout à l'heure[1], il sort, il me l'a dit lui-même.

MARIO. Qui donc ?

SILVIA. Vous ne m'entendez donc pas ?

MARIO. Si j'y comprends rien, je veux mourir.

SILVIA. Venez, sortons d'ici, allons trouver mon père, il faut qu'il le sache ; j'aurai besoin de vous aussi, mon frère, il me vient de nouvelles idées, il faudra feindre de m'aimer, vous en avez déjà dit quelque chose en badinant ; mais surtout gardez bien le secret, je vous en prie.

MARIO. Oh je le garderai bien, car je ne sais ce que c'est.

SILVIA. Allons, mon frère, venez, ne perdons point de temps ; il n'est jamais rien arrivé d'égal à cela !

MARIO. Je prie le ciel qu'elle n'extravague[2] pas.

---

1. **Tout à l'heure :** à l'instant.
2. **Extravague :** déraisonne.

Clefs d'analyse

Acte II, scènes 7 à 13

Compréhension

La surprise de l'amour

- Relever les marques de l'agacement croissant de Silvia (scènes 7 et 8).
- Observer l'importance des didascalies (scènes 9, 11 et 12).

Amour et préjugés sociaux

- Relever les marques de préjugés (scènes 9, 11 et 12).
- Observer comment Silvia se justifie de défendre Dorante (scènes 7 et 11).

Réflexion

De l'adieu à l'aveu

- Analyser comment se profile l'éventualité d'une rupture entre Silvia et Dorante (scènes 10 et 12).
- Examiner les différentes étapes de l'aveu de Dorante (scène 12).
- Expliquer les raisons pour lesquelles Silvia ne dévoile pas son identité (scène 12).

Des témoins silencieux et amusés

- Expliquer l'intérêt de l'apparition de M. Orgon et de Mario au moment où Dorante se jette aux pieds de Silvia (scène 11).
- Analyser les raisons qu'a M. Orgon de prolonger le « jeu » (scène 11).

À retenir :

Un monologue (cf. II, 8) est une pure convention théâtrale, puisqu'un personnage est censé se parler à lui-même à voix haute et que les autres personnages qui, le cas échéant, l'entourent sont censés ne pas l'entendre. Il permet au spectateur de connaître les sentiments intimes du personnage. Pour atténuer toutefois son invraisemblance, les dramaturges ne l'utilisent que lorsque le personnage est soumis à de fortes émotions.

Synthèse Acte II

L'acte des déclarations

Personnages

Deux aveux et un silence

La structure de l'acte éclaire la situation des personnages. Entre le comportement des maîtres et celui des valets existe un parfait parallélisme. En deux scènes (3 et 5), interrompues par les arrivées de Dorante (scène 4) puis de Silvia (scène 6), Lisette et Arlequin se déclarent leur amour. En deux scènes (9 et 12), séparées par les interventions de M. Orgon et de Mario (10 et 11), Dorante se déclare à Silvia.

Entre Lisette et Silvia, les rapports se tendent et tournent à la rivalité, non pas amoureuse (les deux femmes n'aiment pas le même homme), mais sociale : Lisette espère épouser un « homme de condition », ce que lui conteste Silvia. Entre Dorante et Arlequin, les relations ne sont pas meilleures. Assumant pleinement leur rôle d'emprunt, les valets humilient leurs maîtres (scènes 6 et 8). Ils mènent d'autant mieux le « jeu » que ces derniers sont désemparés.

En proie à un amour fou, Dorante se démasque, prouvant le « sérieux » et la sincérité de sa passion. Nerveuse, irritable, Silvia s'en veut d'aimer un domestique. En dissimulant toujours son identité après l'aveu de Dorante, elle impose à celui-ci une épreuve qui relance l'action : se faire proposer le mariage en tant que soubrette. M. Orgon et Mario continuent d'être les spectateurs amusés de ce théâtre.

Langage

La galanterie et sa parodie

Le parallélisme des intrigues amoureuses provoque une double utilisation du langage précieux : l'une est conforme à ce que ce langage doit être ; l'autre en est la parodie. Les vrais maîtres usent de tournures galantes, d'un vocabulaire abstrait (« dispositions », « raisons », « générosité »...), parfois proche de la tragédie : « Mon malheur est inconcevable » ; « Désespère une passion dangereuse » (scène 9). Les vrais valets les imitent maladroitement. Arlequin croit parler en homme du monde en appelant Lisette « merveilleuse dame » (scène 2), « prodige de nos jours » (scène 3) – expressions doublement ridicules : en elles-mêmes et par rapport au contexte. Ses métaphores chutent dans le familier : « Je brûle [d'amour] et je cours au feu » (scène 5). Lisette n'est pas en reste : ses « charmes », dit-elle, « vont leur train » (scène 1). Cette parodie du langage précieux crée un évident effet comique.

Société

Clivages et brouillages sociaux

Le parallélisme parodique des situations révèle de véritables clivages sociaux. Il repose sur le postulat que les valets, gens du peuple, ne savent ni ne peuvent parler le langage des maîtres, gens du monde. Le langage est ainsi un marqueur social et culturel – ce que Dorante laissait déjà entendre à la scène 9 de l'acte I en reprochant à Arlequin ses « façons de parler sottes et triviales ». Mais si les maladresses linguistiques des valets font sourire, elles ridiculisent aussi par contrecoup le langage des maîtres. Par ailleurs, les espoirs de Lisette d'épouser un homme du monde – comme ceux d'Arlequin de s'unir à une jeune fille qu'il croit de bonne famille – montrent que les hiérarchies risquent de se dissoudre. Si comique soit-il, l'acte II révèle des tensions de classes.

ACTE III

Scène 1 DORANTE, ARLEQUIN

ARLEQUIN. Hélas, Monsieur, mon très honoré maître, je vous en conjure.

DORANTE. Encore ?

ARLEQUIN. Ayez compassion de ma bonne aventure, ne
5 portez point guignon[1] à mon bonheur qui va son train si rondement, ne lui fermez point le passage.

DORANTE. Allons donc, misérable, je crois que tu te moques de moi ! Tu mériterais cent coups de bâton.

ARLEQUIN. Je ne les refuse point, si je les mérite ; mais
10 quand je les aurai reçus, permettez-moi d'en mériter d'autres : voulez-vous que j'aille chercher le bâton ?

DORANTE. Maraud[2] !

ARLEQUIN. Maraud soit, mais cela n'est point contraire à faire fortune.

15 **DORANTE.** Ce coquin ! quelle imagination il lui prend !

ARLEQUIN. Coquin[3] est encore bon, il me convient aussi : un maraud n'est point déshonoré d'être appelé coquin ; mais un coquin peut faire un bon mariage.

DORANTE. Comment, insolent, tu veux que je laisse un
20 honnête homme dans l'erreur, et que je souffre[4] que tu épouses sa fille sous mon nom ? Écoute, si tu me parles encore de cette impertinence-là, dès que j'aurai averti Monsieur Orgon de ce que tu es, je te chasse, entends-tu ?

ARLEQUIN. Accommodons-nous[5] : cette demoiselle m'adore,
25 elle m'idolâtre ; si je lui dis mon état de valet, et que

---

1. **Guignon :** malchance.
2. **Maraud :** canaille.
3. **Coquin :** scélérat (terme injurieux plus fort que de nos jours).
4. **Souffre :** permette.
5. **Accommodons-nous :** mettons-nous d'accord.

nonobstant[1], son tendre cœur soit toujours friand de la noce avec moi, ne laisserez-vous pas jouer les violons ?

DORANTE. Dès qu'on te connaîtra, je ne m'en embarrasse plus.

ARLEQUIN. Bon ! et je vais de ce pas prévenir cette géné- 30 reuse personne sur mon habit de caractère[2], j'espère que ce ne sera pas un galon de couleur[3] qui nous brouillera ensemble, et que son amour me fera passer à la table en dépit du sort qui ne m'a mis qu'au buffet[4].

Scène 2 DORANTE *seul, et ensuite* MARIO.

DORANTE. Tout ce qui se passe ici, tout ce qui m'y est arrivé à moi-même est incroyable... Je voudrais pourtant bien voir Lisette, et savoir le succès[5] de ce qu'elle m'a promis de faire auprès de sa maîtresse pour me tirer d'embarras. Allons voir si je pourrai la trouver seule. 5

MARIO. Arrêtez, Bourguignon, j'ai un mot à vous dire.

DORANTE. Qu'y a-t-il pour votre service, Monsieur ?

MARIO. Vous en contez à Lisette ?

DORANTE. Elle est si aimable, qu'on aurait de la peine à ne lui pas parler d'amour. 10

MARIO. Comment reçoit-elle ce que vous lui dites ?

DORANTE. Monsieur, elle en badine[6].

---

1. **Nonobstant :** malgré tout.
2. **Mon habit de caractère :** mon habit de valet.
3. **Galon de couleur :** la livrée des laquais portait des rubans de couleur indiquant leur condition sociale.
4. **Buffet :** lorsque les maîtres étaient à table, les valets se tenaient près du buffet pour les servir.
5. **Succès :** résultat.
6. **Badine :** plaisante.

MARIO. Tu as de l'esprit, ne fais-tu pas l'hypocrite ?

DORANTE. Non, mais qu'est-ce que cela vous fait ? supposez
15 que Lisette eût du goût pour moi...

MARIO. Du goût pour lui ! où prenez-vous vos termes ?
Vous avez le langage bien précieux pour un garçon de
votre espèce.

DORANTE. Monsieur, je ne saurais parler autrement.

20 **MARIO.** C'est apparemment avec ces petites délicatesses-
là que vous attaquez[1] Lisette ; cela imite l'homme de
condition[2].

DORANTE. Je vous assure, Monsieur, que je n'imite
personne ; mais sans doute que vous ne venez pas exprès
25 pour me traiter de ridicule, et vous aviez autre chose à
me dire ; nous parlions de Lisette, de mon inclination
pour elle et de l'intérêt que vous y prenez.

MARIO. Comment morbleu ! il y a déjà un ton de jalousie
dans ce que tu me réponds ; modère-toi un peu. Eh bien,
30 tu me disais qu'en supposant que Lisette eût du goût
pour toi... après ?

DORANTE. Pourquoi faudrait-il que vous le sussiez,
Monsieur ?

MARIO. Ah, le voici[3] ; c'est que malgré le ton badin que
35 j'ai pris tantôt[4], je serais très fâché qu'elle t'aimât ; c'est
que sans autre raisonnement, je te défends de t'adresser
davantage à elle ; non pas dans le fond que je craigne
qu'elle t'aime, elle me paraît avoir le cœur trop haut pour
cela, mais c'est qu'il me déplaît à moi d'avoir Bourguignon
40 pour rival.

DORANTE. Ma foi, je vous crois, car Bourguignon, tout
Bourguignon qu'il est, n'est pas même content que vous
soyez le sien.

---

1. **Attaquez** : cherchez à séduire (métaphore précieuse).
2. **Homme de condition** : noble.
3. **Le voici** : pour la raison suivante.
4. **Tantôt** : il y a peu.

MARIO. Il prendra patience.

DORANTE. Il faudra bien ; mais Monsieur, vous l'aimez 45
donc beaucoup ?

MARIO. Assez pour m'attacher sérieusement à elle, dès
que j'aurai pris de certaines mesures ; comprends-tu ce
que cela signifie ?

DORANTE. Oui, je crois que je suis au fait ; et sur ce pied- 50
là[1] vous êtes aimé sans doute ?

MARIO. Qu'en penses-tu ? Est-ce que je ne vaux pas la
peine de l'être ?

DORANTE. Vous ne vous attendez pas à être loué par vos
propres rivaux peut-être ? 55

MARIO. La réponse est de bon sens, je te la pardonne ;
mais je suis bien mortifié de ne pouvoir pas dire qu'on
m'aime, et je ne le dis pas pour t'en rendre compte,
comme tu le crois bien, mais c'est qu'il faut dire la vérité.

DORANTE. Vous m'étonnez, Monsieur, Lisette ne sait 60
donc pas vos desseins ?

MARIO. Lisette sait tout le bien que je lui veux, et n'y
paraît pas sensible, mais j'espère que la raison me gagnera
son cœur. Adieu, retire-toi sans bruit : son indifférence
pour moi malgré tout ce que je lui offre doit te consoler 65
du sacrifice que tu me feras... Ta livrée n'est pas propre à
faire pencher la balance en ta faveur, et tu n'es pas fait
pour lutter contre moi.

---

1. **Sur ce pied-là :** dans ces conditions.

Scène 3 SILVIA, DORANTE, MARIO

MARIO. Ah, te voilà, Lisette ?

SILVIA. Qu'avez-vous, Monsieur, vous me paraissez ému ?

MARIO. Ce n'est rien, je disais un mot à Bourguignon.

SILVIA. Il est triste, est-ce que vous le querelliez ?

5 **DORANTE.** Monsieur m'apprend qu'il vous aime, Lisette.

SILVIA. Ce n'est pas ma faute.

DORANTE. Et me défend de vous aimer.

SILVIA. Il me défend donc de vous paraître aimable[1] ?

MARIO. Je ne saurais empêcher qu'il ne t'aime, belle
10 Lisette, mais je ne veux pas qu'il te le dise.

SILVIA. Il ne me le dit plus, il ne fait que me le répéter.

MARIO. Du moins ne te le répétera-t-il pas quand je serai présent ; retirez-vous, Bourguignon.

DORANTE. J'attends qu'elle me l'ordonne.

15 **MARIO.** Encore ?

SILVIA. Il dit qu'il attend, ayez donc patience.

DORANTE. Avez-vous de l'inclination pour Monsieur ?

SILVIA. Quoi, de l'amour ? oh je crois qu'il ne sera pas nécessaire qu'on me le défende.

20 **DORANTE.** Ne me trompez-vous pas ?

MARIO. En vérité, je joue ici un joli personnage ! qu'il sorte donc ! à qui est-ce que je parle ?

DORANTE. À Bourguignon, voilà tout.

MARIO. Eh bien, qu'il s'en aille.

25 **DORANTE,** *à part.* Je souffre !

SILVIA. Cédez, puisqu'il se fâche.

---

1. **Aimable :** digne d'être aimé.

DORANTE, *bas à Silvia.* Vous ne demandez peut-être pas mieux ?

MARIO. Allons, finissons.

DORANTE. Vous ne m'aviez pas dit cet amour-là, Lisette.   30

Scène 4 MONSIEUR ORGON, MARIO, SILVIA

SILVIA. Si je n'aimais pas cet homme-là, avouons que je serais bien ingrate.

MARIO, *riant.* Ha, ha, ha, ha !

MONSIEUR ORGON. De quoi riez-vous, Mario ?

MARIO. De la colère de Dorante qui sort, et que j'ai   5
obligé de quitter Lisette.

SILVIA. Mais que vous a-t-il dit dans le petit entretien que vous avez eu tête à tête avec lui ?

MARIO. Je n'ai jamais vu d'homme ni plus intrigué[1] ni de plus mauvaise humeur.   10

MONSIEUR ORGON. Je ne suis pas fâché qu'il soit la dupe de son propre stratagème, et d'ailleurs à le bien prendre il n'y a rien de si flatteur ni de plus obligeant pour lui que tout ce que tu as fait jusqu'ici, ma fille ; mais en voilà assez.   15

MARIO. Mais où en est-il précisément, ma sœur ?

SILVIA. Hélas mon frère, je vous avoue que j'ai lieu d'être contente.

MARIO. Hélas mon frère, me dit-elle ! Sentez-vous cette paix douce qui se mêle à ce qu'elle dit ?   20

MONSIEUR ORGON. Quoi, ma fille, tu espères qu'il ira jusqu'à t'offrir sa main dans le déguisement où te voilà ?

---

1. **Intrigué :** embarrassé.

SILVIA. Oui, mon cher père, je l'espère !

MARIO. Friponne que tu es, avec ton *cher père* ! tu ne
25 nous grondes plus à présent, tu nous dis des douceurs.

SILVIA. Vous ne me passez rien.

MARIO. Ha, ha, je prends ma revanche ; tu m'as tantôt
chicané sur mes expressions, il faut bien à mon tour que
je badine un peu sur les tiennes ; ta joie est bien aussi
30 divertissante que l'était ton inquiétude.

MONSIEUR ORGON. Vous n'aurez point à vous plaindre
de moi, ma fille, j'acquiesce à tout ce qui vous plaît.

SILVIA. Ah, Monsieur, si vous saviez combien je vous
aurai d'obligation[1] ! Dorante et moi, nous sommes desti-
35 nés l'un à l'autre, il doit m'épouser ; si vous saviez combien je lui tiendrai compte de ce qu'il fait aujourd'hui pour
moi, combien mon cœur gardera le souvenir de l'excès
de tendresse qu'il me montre ; si vous saviez combien tout
ceci va rendre notre union aimable, il ne pourra jamais se
40 rappeler notre histoire sans m'aimer, je n'y songerai jamais
que je ne l'aime[2] ; vous avez fondé notre bonheur pour la
vie, en me laissant faire, c'est un mariage unique, c'est une
aventure dont le seul récit est attendrissant, c'est le coup
de hasard le plus singulier, le plus heureux, le plus...

45 **MARIO.** Ha, ha, ha, que ton cœur a de caquet[3], ma sœur,
quelle éloquence !

MONSIEUR ORGON. Il faut convenir que le régal[4] que tu
te donnes est charmant, surtout si tu achèves.

SILVIA. Cela vaut fait[5], Dorante est vaincu, j'attends mon
50 captif.

---

1. **Combien je vous aurai d'obligation :** combien je vous serai recon-
naissante.
2. **Que je ne l'aime :** sans que je l'aime.
3. **Caquet :** bavardage.
4. **Régal :** divertissement.
5. **Cela vaut fait :** c'est comme si c'était fait.

MARIO. Ses fers[1] seront plus dorés qu'il ne pense ; mais je lui crois l'âme en peine, et j'ai pitié de ce qu'il souffre.

SILVIA. Ce qui lui en coûte à se déterminer ne me le rend que plus estimable : il pense qu'il chagrinera son père en m'épousant, il croit trahir sa fortune et sa naissance, voilà de grands sujets de réflexion ; je serai charmée de triompher ; mais il faut que j'arrache ma victoire, et non pas qu'il me la donne : je veux un combat entre l'amour et la raison.

MARIO. Et que la raison y périsse ?

MONSIEUR ORGON. C'est-à-dire que tu veux qu'il sente toute l'étendue de l'impertinence[2] qu'il croira faire : quelle insatiable vanité d'amour-propre !

MARIO. Cela, c'est l'amour-propre d'une femme et il est tout au plus uni[3].

Scène 5 MONSIEUR ORGON, SILVIA, MARIO, LISETTE

MONSIEUR ORGON. Paix, voici Lisette : voyons ce qu'elle nous veut ?

LISETTE. Monsieur, vous m'avez dit tantôt que vous m'abandonniez Dorante, que vous livriez sa tête à ma discrétion[4], je vous ai pris au mot, j'ai travaillé comme pour moi, et vous verrez de l'ouvrage bien fait, allez, c'est une tête bien conditionnée[5]. Que voulez-vous que j'en fasse à présent, Madame me le cède-t-elle ?

MONSIEUR ORGON. Ma fille, encore une fois n'y prétendez-vous rien ?

---

1. **Fers :** chaînes amoureuses (métaphore précieuse).
2. **Impertinence :** folie.
3. **Il est tout au plus uni :** il est simple.
4. **À ma discrétion :** à mon bon plaisir.
5. **Conditionnée :** préparée.

SILVIA. Non, je te le donne, Lisette, je te remets tous mes droits, et pour dire comme toi, je ne prendrai jamais de part à un cœur que je n'aurai pas conditionné moi-même.

LISETTE. Quoi ! vous voulez bien que je l'épouse,
15 Monsieur le veut bien aussi ?

MONSIEUR ORGON. Oui, qu'il s'accommode[1], pourquoi t'aime-t-il ?

MARIO. J'y consens aussi, moi.

LISETTE. Moi aussi, et je vous en remercie tous.

20 **MONSIEUR ORGON.** Attends, j'y mets pourtant une petite restriction, c'est qu'il faudrait pour nous disculper de ce qui arrivera, que tu lui dises un peu qui tu es.

LISETTE. Mais si je le lui dis un peu, il le saura tout à fait.

MONSIEUR ORGON. Eh bien, cette tête en si bon état, ne
25 soutiendra-t-elle pas cette secousse-là[2] ? je ne le crois pas de caractère à s'effaroucher là-dessus.

LISETTE. Le voici qui me cherche, ayez donc la bonté de me laisser le champ libre, il s'agit ici de mon chef-d'œuvre.

MONSIEUR ORGON. Cela est juste, retirons-nous.

30 **SILVIA.** De tout mon cœur.

MARIO. Allons.

---

1. **Qu'il s'accommode :** qu'il s'arrange avec toi.
2. **Secousse :** choc, émotion.

Clefs d'analyse

Acte III, scènes 1 à 5

Compréhension

▎ L'information

- Préciser les décisions censées avoir été prises durant l'entracte.
- Préciser le jeu des identités : qui sait désormais quoi sur qui ?

▎ Maîtres et valets

- Observer comment, dans la scène 1, Dorante traite Arlequin (vocabulaire de la menace, de l'injure, ponctuation…).
- Observer comment, dans la scène 2, Mario traite Bourguignon.

▎ Rivalité amoureuse

- Observer comment Mario se pose en rival de Dorante (scènes 2 et 3).
- Relever les expressions à double sens de Mario puis de Silvia (scènes 2 et 3).

Réflexion

▎ Un amoureux inquiet

- Analyser la nature de l'épreuve infligée à Dorante par Mario et par Silvia (scènes 2 à 4).
- Analyser la progression de l'inquiétude chez Dorante (scènes 2 et 3).

▎ Deux réactions d'amoureuses

- Analyser le lyrisme romanesque de Silvia (scène 4).
- Expliquer la démarche et les espoirs de Lisette (scène 5).

À retenir :

Le langage dramatique appelle « nœud » l'obstacle majeur dont la disparition provoquera le dénouement. Cet obstacle peut être intérieur ou extérieur. L'épreuve infligée à Dorante (amour contre raison) relève ici de l'ordre intime.

Scène 6 Lisette, Arlequin

ARLEQUIN. Enfin, ma Reine, je vous vois et je ne vous quitte plus, car j'ai trop pitié d'avoir manqué de votre présence, et j'ai cru que vous esquiviez la mienne.

LISETTE. Il faut vous avouer, Monsieur, qu'il en était quelque chose.

ARLEQUIN. Comment donc, ma chère âme, élixir de mon cœur, avez-vous entrepris la fin de ma vie ?

LISETTE. Non, mon cher, la durée m'en est trop précieuse.

ARLEQUIN. Ah, que ces paroles me fortifient !

LISETTE. Et vous ne devez point douter de ma tendresse.

ARLEQUIN. Je voudrais bien pouvoir baiser ces petits mots-là, et les cueillir sur votre bouche avec la mienne.

LISETTE. Mais vous me pressiez sur notre mariage, et mon père ne m'avait pas encore permis de vous répondre ; je viens de lui parler, et j'ai son aveu[1] pour vous dire que vous pouvez lui demander ma main quand vous voudrez.

ARLEQUIN. Avant que je la demande à lui, souffrez que je la demande à vous, je veux lui rendre mes grâces de la charité qu'elle aura de vouloir bien entrer dans la mienne qui en est véritablement indigne.

LISETTE. Je ne refuse pas de vous la prêter un moment, à condition que vous la prendrez pour toujours.

ARLEQUIN. Chère petite main rondelette et potelée, je vous prends sans marchander, je ne suis pas en peine de l'honneur que vous me ferez, il n'y a que celui que je vous rendrai qui m'inquiète.

LISETTE. Vous m'en rendrez plus qu'il ne m'en faut.

---

1. **Aveu :** autorisation.

ARLEQUIN. Ah que nenni, vous ne savez pas cette arithmétique-là aussi bien que moi.

LISETTE. Je regarde pourtant votre amour comme un 30 présent du ciel.

ARLEQUIN. Le présent qu'il vous a fait ne le ruinera pas, il est bien mesquin[1].

LISETTE. Je ne le trouve que trop magnifique.

ARLEQUIN. C'est que vous ne le voyez pas au grand jour. 35

LISETTE. Vous ne sauriez croire combien votre modestie m'embarrasse.

ARLEQUIN. Ne faites point dépense d'embarras, je serais bien effronté, si je n'étais modeste.

LISETTE. Enfin, Monsieur, faut-il vous dire que c'est moi 40 que votre tendresse honore ?

ARLEQUIN. Ahi, ahi, je ne sais plus où me mettre.

LISETTE. Encore une fois, Monsieur, je me connais.

ARLEQUIN. Hé, je me connais bien aussi, et je n'ai pas là une fameuse connaissance, ni vous non plus, quand vous 45 l'aurez faite ; mais c'est là le diable[2] que de me connaître, vous ne vous attendez pas au fond du sac[3].

LISETTE, *à part.* Tant d'abaissement n'est pas naturel ! *Haut.* D'où vient me dites-vous cela ?

ARLEQUIN. Et voilà où gît le lièvre[4]. 50

LISETTE. Mais encore ? Vous m'inquiétez : est-ce que vous n'êtes pas ?....

ARLEQUIN. Ahi, ahi, vous m'ôtez ma couverture.

LISETTE. Sachons de quoi il s'agit.

ARLEQUIN, *à part.* Préparons un peu cette affaire-là... 55 *Haut.* Madame, votre amour est-il d'une constitution bien

---

1. **Mesquin :** médiocre.
2. **C'est là le diable :** c'est là l'ennui.
3. **Au fond du sac :** au fond de l'affaire.
4. **Voilà où gît le lièvre :** voilà la difficulté.

robuste, soutiendra-t-il bien la fatigue que je vais lui donner, un mauvais gîte lui fait-il peur ? je vais le loger petitement.

60 **LISETTE.** Ah, tirez-moi d'inquiétude ! En un mot qui êtes-vous ?

ARLEQUIN. Je suis... n'avez-vous jamais vu de fausse monnaie ? Savez-vous ce que c'est qu'un louis d'or faux ? Eh bien, je ressemble assez à cela.

65 **LISETTE.** Achevez donc, quel est votre nom ?

ARLEQUIN. Mon nom ! *À part.* Lui dirai-je que je m'appelle Arlequin ? Non ; cela rime trop avec coquin.

LISETTE. Eh bien ?

ARLEQUIN. Ah dame, il y a un peu à tirer ici[1] ! Haïssez-
70 vous la qualité de soldat ?

LISETTE. Qu'appelez-vous un soldat ?

ARLEQUIN. Oui, par exemple, un soldat d'antichambre.

LISETTE. Un soldat d'antichambre ! ce n'est donc point Dorante à qui je parle enfin ?

75 **ARLEQUIN.** C'est lui qui est mon capitaine.

LISETTE. Faquin !

ARLEQUIN, *à part.* Je n'ai pu éviter la rime.

LISETTE. Mais voyez ce magot[2] ; tenez !

ARLEQUIN, *à part.* La jolie culbute[3] que je fais là !

80 **LISETTE.** Il y a une heure que je lui demande grâce, et que je m'épuise en humilités pour cet animal-là !

ARLEQUIN. Hélas, Madame, si vous préfériez l'amour à la gloire, je vous ferais bien autant de profit qu'un monsieur.

LISETTE, *riant.* Ah, ah, ah, je ne saurais pourtant
85 m'empêcher d'en rire, avec sa gloire ! et il n'y a plus que

---

1. **Il y a peu à tirer ici** : j'ai encore de la peine [à me livrer pour m'en sortir].
2. **Magot** : singe.
3. **Culbute** : chute.

ce parti-là à prendre... Va, va, ma gloire te pardonne, elle est de bonne composition.

ARLEQUIN. Tout de bon, charitable dame ? ah, que mon amour vous promet de reconnaissance !

LISETTE. Touche là, Arlequin ; je suis prise pour dupe : le 90
soldat d'antichambre de Monsieur vaut bien la coiffeuse de Madame.

ARLEQUIN. La coiffeuse de Madame !

LISETTE. C'est mon capitaine ou l'équivalent.

ARLEQUIN. Masque[1] ! 95

LISETTE. Prends ta revanche.

ARLEQUIN. Mais voyez cette magotte[2], avec qui, depuis une heure, j'entre en confusion de ma misère !

LISETTE. Venons au fait ; m'aimes-tu ?

ARLEQUIN. Pardi oui, en changeant de nom, tu n'as pas 100
changé de visage, et tu sais bien que nous, nous sommes promis fidélité en dépit de toutes les fautes d'orthographe.

LISETTE. Va, le mal n'est pas grand, consolons-nous ; ne faisons semblant de rien, et n'apprêtons point à rire ; il y a apparence que ton maître est encore dans l'erreur à 105
l'égard de ma maîtresse, ne l'avertis de rien, laissons les choses comme elles sont : je crois que le voici qui entre. Monsieur, je suis votre servante.

ARLEQUIN. Et moi votre valet, Madame. *Riant.* Ha, ha, ha !

---

1. **Masque :** hypocrite.
2. **Magotte :** néologisme, féminin de « magot ».

Scène 7 DORANTE, ARLEQUIN

DORANTE. Eh bien, tu quittes la fille d'Orgon, lui as-tu dit qui tu étais ?

ARLEQUIN. Pardi oui, la pauvre enfant, j'ai trouvé son cœur plus doux qu'un agneau, il n'a pas soufflé[1]. Quand je
5 lui ai dit que je m'appelais Arlequin, et que j'avais un habit d'ordonnance[2] : Eh bien mon ami, m'a-t-elle dit, chacun a son nom dans la vie, chacun a son habit, le vôtre ne vous coûte rien, cela ne laisse pas que d'être gracieux.

DORANTE. Quelle sotte histoire me contes-tu là ?

10 **ARLEQUIN.** Tant y a[3] que je vais la demander en mariage.

DORANTE. Comment, elle consent à t'épouser ?

ARLEQUIN. La voilà bien malade.

DORANTE. Tu m'en imposes[4], elle ne sait pas qui tu es.

ARLEQUIN. Par la ventrebleu[5], voulez-vous gager que je
15 l'épouse avec la casaque[6] sur le corps, avec une souguenille[7], si vous me fâchez ? Je veux bien que vous sachiez qu'un amour de ma façon n'est point sujet à la casse[8], que je n'ai pas besoin de votre friperie pour pousser ma pointe[9], et que vous n'avez qu'à me rendre la mienne.

20 **DORANTE.** Tu es un fourbe, cela n'est pas concevable, et je vois bien qu'il faudra que j'avertisse Monsieur Orgon.

---

1. **Il n'a pas soufflé :** il n'a rien dit.
2. **Un habit d'ordonnance :** un uniforme.
3. **Tant y a :** si bien que.
4. **Tu m'en imposes :** tu me mens.
5. **Ventrebleu :** juron, déformation de « par le ventre de Dieu ».
6. **Casaque :** sorte de manteau porté par un valet par-dessus sa livrée.
7. **Souguenille :** blouse portée pour les gros travaux.
8. **Sujet à la casse :** sujet à être détruit.
9. **Pousser ma pointe :** poursuivre mon projet jusqu'au bout.

ARLEQUIN. Qui ? notre père ? Ah, le bon homme, nous l'avons dans notre manche : c'est le meilleur humain, la meilleure pâte d'homme !.... Vous m'en direz des nouvelles.

DORANTE. Quel extravagant ! As-tu vu Lisette ?   25

ARLEQUIN. Lisette ! non ; peut-être a-t-elle passé devant mes yeux, mais un honnête homme ne prend pas garde à une chambrière : je vous cède ma part de cette attention-là.

DORANTE. Va-t'en, la tête te tourne.

ARLEQUIN. Vos petites manières sont un peu aisées, mais   30 c'est la grande habitude qui fait cela. Adieu, quand j'aurai épousé, nous vivrons but à but[1]. Votre soubrette arrive. Bonjour, Lisette, je vous recommande Bourguignon, c'est un garçon qui a quelque mérite.

Scène 8   DORANTE, SILVIA

DORANTE, *à part.* Qu'elle est digne d'être aimée ! Pourquoi faut-il que Mario m'ait prévenu[2] ?

SILVIA. Où étiez-vous donc, Monsieur ? Depuis que j'ai quitté Mario, je n'ai pu vous retrouver pour vous rendre compte de ce que j'ai dit à Monsieur Orgon.   5

DORANTE. Je ne me suis pourtant pas éloigné ; mais de quoi s'agit-il ?

SILVIA, *à part.* Quelle froideur ! *Haut.* J'ai eu beau décrier votre valet et prendre sa conscience à témoin de son peu de mérite, j'ai eu beau lui représenter qu'on pouvait du   10 moins reculer le mariage, il ne m'a pas seulement écoutée ; je vous avertis même qu'on parle d'envoyer chez le notaire, et qu'il est temps de vous déclarer.

---

1. **But à but :** d'égal à égal.
2. **Prévenu :** devancé.

DORANTE. C'est mon intention ; je vais partir *incognito*, et
15 je laisserai un billet qui instruira Monsieur Orgon de tout.

SILVIA, *à part.* Partir ! ce n'est pas là mon compte.

DORANTE. N'approuvez-vous pas mon idée ?

SILVIA. Mais… pas trop.

DORANTE. Je ne vois pourtant rien de mieux dans la
20 situation où je suis, à moins que de parler moi-même, et
je ne saurais m'y résoudre ; j'ai d'ailleurs d'autres raisons
qui veulent que je me retire : je n'ai plus que faire ici.

SILVIA. Comme je ne sais pas vos raisons, je ne puis ni les
approuver, ni les combattre ; et ce n'est pas à moi à vous
25 les demander.

DORANTE. Il vous est aisé de les soupçonner, Lisette.

SILVIA. Mais je pense, par exemple, que vous avez du
dégoût pour la fille de Monsieur Orgon.

DORANTE. Ne voyez-vous que cela ?

30 **SILVIA.** Il y a bien encore certaines choses que je pourrais
supposer ; mais je ne suis pas folle, et je n'ai pas la vanité
de m'y arrêter.

DORANTE. Ni le courage d'en parler ; car vous n'auriez
rien d'obligeant à me dire : adieu Lisette.

35 **SILVIA.** Prenez garde, je crois que vous ne m'entendez
pas, je suis obligée de vous le dire.

DORANTE. À merveille ! et l'explication ne me serait pas
favorable ; gardez-moi le secret jusqu'à mon départ.

SILVIA. Quoi, sérieusement, vous partez ?

40 **DORANTE.** Vous avez bien peur que je ne change d'avis.

SILVIA. Que vous êtes aimable d'être si bien au fait !

DORANTE. Cela est bien naïf[1]. Adieu. *Il s'en va.*

SILVIA, *à part.* S'il part, je ne l'aime plus, je ne l'épouserai
jamais… *Elle le regarde aller.* Il s'arrête pourtant, il rêve, il
45 regarde si je tourne la tête, et je ne saurais le rappeler,

---

1. **Cela est bien naïf :** cela est bien naturel.

moi... Il serait pourtant singulier qu'il partît après tout ce que j'ai fait... Ah, voilà qui est fini, il s'en va, je n'ai pas tant de pouvoir sur lui que je le croyais : mon frère est un maladroit, il s'y est mal pris, les gens indifférents gâtent tout. Ne suis-je pas bien avancée ? Quel dénouement ! Dorante reparaît pourtant ; il me semble qu'il revient, je me dédis[1] donc, je l'aime encore... Feignons de sortir, afin qu'il m'arrête : il faut bien que notre réconciliation lui coûte quelque chose.

DORANTE, *l'arrêtant*. Restez, je vous prie, j'ai encore quelque chose à vous dire.

SILVIA. À moi, Monsieur ?

DORANTE. J'ai de la peine à partir sans vous avoir convaincue que je n'ai pas tort de le faire.

SILVIA. Eh, Monsieur, de quelle conséquence est-il de vous justifier auprès de moi ? Ce n'est pas la peine, je ne suis qu'une suivante, et vous me le faites bien sentir.

DORANTE. Moi, Lisette ! est-ce à vous à vous plaindre, vous qui me voyez prendre mon parti sans me rien dire ?

SILVIA. Hum, si je voulais, je vous répondrais bien là-dessus.

DORANTE. Répondez donc, je ne demande pas mieux que de me tromper. Mais que dis-je ! Mario vous aime.

SILVIA. Cela est vrai.

DORANTE. Vous êtes sensible à son amour, je l'ai vu par l'extrême envie que vous aviez tantôt que je m'en allasse, ainsi vous ne sauriez m'aimer.

SILVIA. Je suis sensible à son amour ! Qui est-ce qui vous l'a dit ? Je ne saurais vous aimer ! Qu'en savez-vous ? Vous décidez bien vite.

DORANTE. Eh bien, Lisette, par tout ce que vous avez de plus cher au monde, instruisez-moi de ce qui en est, je vous en conjure.

SILVIA. Instruire un homme qui part !

---

1. **Je me dédis** : je reviens sur ce que j'ai dit.

DORANTE. Je ne partirai point.

80 **SILVIA.** Laissez-moi, tenez, si vous m'aimez, ne m'interrogez point. Vous ne craignez que mon indifférence, et vous êtes trop heureux que je me taise. Que vous importent mes sentiments ?

DORANTE. Ce qu'ils m'importent, Lisette ? Peux-tu douter
85 encore que je ne t'adore ?

SILVIA. Non, et vous me le répétez si souvent que je vous crois ; mais pourquoi m'en persuadez-vous, que voulez-vous que je fasse de cette pensée-là, Monsieur ? Je vais vous parler à cœur ouvert. Vous m'aimez, mais votre
90 amour n'est pas une chose bien sérieuse pour vous ; que de ressources n'avez-vous pas pour vous en défaire ! La distance qu'il y a de vous à moi, mille objets que vous allez trouver sur votre chemin, l'envie qu'on aura de vous rendre sensible, les amusements d'un homme de votre
95 condition, tout va vous ôter cet amour dont vous m'entretenez impitoyablement, vous en rirez peut-être au sortir d'ici, et vous aurez raison ; mais moi, Monsieur, si je m'en ressouviens, comme j'en ai peur, s'il m'a frappée, quel secours aurai-je contre l'impression[1] qu'il m'aura faite ?
100 Qui est-ce qui me dédommagera de votre perte ? Qui voulez-vous que mon cœur mette à votre place ? Savez-vous bien que si je vous aimais, tout ce qu'il y a de plus grand dans le monde ne me toucherait plus ? Jugez donc de l'état où je resterais, ayez la générosité de me cacher
105 votre amour : moi qui vous parle, je me ferais un scrupule de vous dire que je vous aime, dans les dispositions où vous êtes, l'aveu de mes sentiments pourrait exposer[2] votre raison, et vous voyez bien aussi que je vous les cache.

DORANTE. Ah, ma chère Lisette, que viens-je d'entendre !
110 Tes paroles ont un feu qui me pénètre, je t'adore, je te respecte, il n'est ni rang, ni naissance, ni fortune qui ne disparaisse devant une âme comme la tienne ; j'aurais

---

1. **Impression** : émotion forte.
2. **Exposer** : mettre en danger.

honte que mon orgueil tînt encore contre toi, et mon cœur et ma main t'appartiennent.

SILVIA. En vérité, ne mériteriez-vous pas que je les prisse, ne faut-il pas être bien généreuse pour vous dissimuler le plaisir qu'ils me font, et croyez-vous que cela puisse durer ? 115

DORANTE. Vous m'aimez donc ?

SILVIA. Non, non ; mais si vous me le demandez encore, tant pis pour vous. 120

DORANTE. Vos menaces ne me font point de peur.

SILVIA. Et Mario, vous n'y songez donc plus ?

DORANTE. Non, Lisette ; Mario ne m'alarme plus, vous ne l'aimez point, vous ne pouvez plus me tromper, vous avez le cœur vrai, vous êtes sensible à ma tendresse : je ne saurais 125 en douter au transport[1] qui m'a pris, j'en suis sûr, et vous ne sauriez plus m'ôter cette certitude-là.

SILVIA. Oh, je n'y tâcherai point[2], gardez-la, nous verrons ce que vous en ferez.

DORANTE. Ne consentez-vous pas d'être à moi ? 130

SILVIA. Quoi, vous m'épouserez malgré ce que vous êtes, malgré la colère d'un père, malgré votre fortune ?

DORANTE. Mon père me pardonnera dès qu'il vous aura vue, ma fortune nous suffit à tous deux, et le mérite vaut bien la naissance : ne disputons point, car je ne changerai 135 jamais.

SILVIA. Il ne changera jamais ! savez-vous bien que vous me charmez, Dorante ?

DORANTE. Ne gênez donc plus votre tendresse, et laissez-la répondre... 140

SILVIA. Enfin, j'en suis venue à bout ; vous, vous ne changerez jamais ?

DORANTE. Non, ma chère Lisette.

SILVIA. Que d'amour !

---

1. **Transport :** élan (de passion).
2. **Je n'y tâcherai point :** je n'essaierai pas.

Scène 9 MONSIEUR ORGON, SILVIA, DORANTE, LISETTE, ARLEQUIN, MARIO

SILVIA. Ah, mon père, vous avez voulu que je fusse à Dorante, venez voir votre fille vous obéir avec plus de joie qu'on n'en eut jamais.

DORANTE. Qu'entends-je ! vous son père, Monsieur ?

5 **SILVIA.** Oui, Dorante, la même idée de nous connaître nous est venue à tous deux ; après cela, je n'ai plus rien à vous dire, vous m'aimez, je n'en saurais douter, mais à votre tour, jugez de mes sentiments pour vous, jugez du cas que j'ai fait de votre cœur par la délicatesse avec
10 laquelle j'ai tâché de l'acquérir.

MONSIEUR ORGON. Connaissez-vous cette lettre-là ? Voilà par où j'ai appris votre déguisement, qu'elle n'a pourtant su que par vous.

DORANTE. Je ne saurais vous exprimer mon bonheur,
15 Madame ; mais ce qui m'enchante le plus, ce sont les preuves que je vous ai données de ma tendresse.

MARIO. Dorante me pardonne-t-il la colère où j'ai mis Bourguignon ?

DORANTE. Il ne vous la pardonne pas, il vous en remercie.

20 **ARLEQUIN,** *à Lisette.* De la joie, Madame ! Vous avez perdu votre rang, mais vous n'êtes point à plaindre, puisque Arlequin vous reste.

LISETTE. Belle consolation ! il n'y a que toi qui gagnes à cela.

25 **ARLEQUIN.** Je n'y perds pas ; avant notre connaissance, votre dot valait mieux que vous, à présent vous valez mieux que votre dot. Allons saute, marquis[1] !

---

1. **Allons saute, marquis :** citation d'un vers du *Joueur* de Regnard (1696) ; expression de joie.

Clefs d'analyse

Acte III, scènes 6 à 9

Compréhension

‖ Dénouement heureux chez les valets

- Observer comment Arlequin s'y prend pour avouer sa véritable identité (scène 6).
- Observer la progression de l'inquiétude, de la désillusion puis de l'humour chez Lisette (scène 6).

‖ Dénouement heureux chez les maîtres

- Préciser les deux obstacles qui gênent Dorante au début de la scène 8.
- Repérer ce qui décide Dorante à proposer le mariage à celle qu'il prend encore pour une suivante (scène 8).

Réflexion

‖ Du comique à la dramatisation

- Analyser, dans les scènes 6 et 7, les différents aspects du registre comique (comique de mots, parodie du langage précieux, mots à double sens, comique de répétition...).
- Analyser, malgré son dénouement prévisible, la dramatisation progressive de la scène 8 (aparté, jeu de scène, conflit de sentiment...).

‖ Le jeu de la vérité

- Étudier la manière dont Silvia, en poussant progressivement Dorante à se déclarer, remporte la « victoire » dont elle parlait à la scène 4.
- Étudier la manière dont Silvia dévoile enfin son identité (scène 9).

À retenir :

Traditionnellement un dénouement doit être nécessaire, complet, rapide : nécessaire, parce qu'il doit être logique ; complet, parce qu'il doit informer du sort définitif des protagonistes. Quant à la rapidité, Marivaux opte pour un dénouement progressif (parce que prévisible), source de comique (chez les valets) et de pathétique (chez les maîtres).

Synthèse

La levée des masques

Personnages

Couples de maîtres et de valets

Le couple des valets est le premier à se constituer officiellement. De précautions oratoires en métaphores comiques, Arlequin se dévoile à Lisette. Si, par son ridicule, il demeure fidèle à son emploi d'origine dans la *commedia dell'arte*, une hardiesse nouvelle l'en éloigne brièvement. Arlequin revendique le droit d'épouser celle qu'il prend pour la fille de M. Orgon – face à Dorante qui, choqué de cette mésalliance, le rabroue vertement (scène 1). La révélation de Lisette sur son véritable état détruit ses espoirs d'ascension sociale, comme lui a ruiné ceux de la fausse Silvia. Tous deux préfèrent en rire plutôt que d'en souffrir. Valets ils étaient, valets ils restent.

Le couple des maîtres est plus long à se former. La décision de Silvia de conserver son masque, même après que Dorante eut enlevé le sien (acte II, scène 12), prolonge le « jeu ». En voulant contraindre Dorante à une mésalliance, Silvia le soumet à une épreuve radicale. Sans doute une part d'amour-propre entre-t-elle dans ses intentions, comme le remarquent M. Orgon et Mario à la fin de la scène 4. Mais cette part n'est pas déterminante. Silvia veut aussi éprouver la sincérité et la profondeur des sentiments de Dorante : « Il pense qu'il chagrinera son père en m'épousant ; il croit trahir sa fortune et sa naissance » (scène 4). Quelle meilleure preuve d'amour peut-il donner que de triompher de tels obstacles ?

L'épreuve n'est pourtant pas sans cruauté pour Dorante qui, intérieurement déchiré entre son amour et sa raison, est un instant tenté de s'effacer devant Mario qu'il croit son rival. Sa douleur le rend pathétique. Cela ne va pas non plus sans risque pour Silvia, obligée devant l'abattement résigné de Dorante de le retenir (scène 8). Mais c'est l'intensité de cette épreuve qui finit par les unir.

Langage

Comique, lyrisme et pathétique

Le langage reste, comme dans les actes précédents, un signe d'identification sociale. Arlequin continue de parodier le discours galant : par ses expressions précieuses inadéquates (« ma reine », « chère âme », scène 6) ; par son interprétation concrète de formules abstraites (sur « demander la main », scène 6). Ses métaphores sur la « fausse monnaie », sur le « soldat d'anti-chambre » prolongent le comique.

L'exaltation de Silvia devant son père (scène 4) appartient au registre lyrique par la prédominance du champ lexical de la passion ainsi que par sa tension hyperbolique et son caractère oratoire. Ce lyrisme se teinte de romanesque quand Silvia voit dans son aventure l'effet de la destinée. La scène 8, qui constitue le point culminant de l'acte, se déroule enfin sur le registre pathétique : l'épreuve de vérité risque un instant de conduire à la rupture. Ce pathétique s'exprime autant dans les jeux de scène de Dorante qui part, revient, hésite, que dans les apartés de Silvia.

Société

Amour et classes sociales

La longue tirade de Silvia dans la scène 8 jette une lumière crue sur le libertinage des hommes pour qui l'amour ne saurait être qu'un amusement : « Vous m'aimez, mais votre amour n'est pas une chose bien sérieuse pour vous. » Même le mariage n'abolit pas les distances sociales. Celles-ci finissent au contraire par le détruire : « La distance qu'il y a de vous à moi, mille objets [femmes rencontrées] que vous allez trouver sur votre chemin, l'envie qu'on aura de vous rendre sensible, les amuse-ments d'un homme de votre condition, tout va vous ôter cet amour dont vous m'entretenez impitoyablement. » Comme le langage, l'amour n'échappe pas aux conventions sociales. Certes, Silvia ne parle pas pour elle, ni n'entend se faire la porte-parole d'aucune revendication. Mais le désespoir qu'elle évoque a dû être celui de bien des soubrettes sincèrement éprises d'un « homme de condition » qui ne songeait qu'à badiner : « Qu'est-ce qui me dédommagera de votre perte ? Qui voulez-vous que mon cœur mette à votre place ? »

POUR
APPROFONDIR

Genre, action, personnages

Genre et registres

Que *Le Jeu de l'amour et du hasard* soit une comédie relève presque de l'évidence : il suffit de lire la pièce. Le titre le suggère déjà : le « jeu » fut l'une des formes du théâtre comique du Moyen Âge (comme, par exemple, *Le Jeu de la feuillée* d'Adam de la Halle, dans la seconde moitié du XIIIᵉ siècle). Le sujet le confirme : point de grand intérêt d'État comme dans la tragédie, mais une affaire privée, le mariage de deux jeunes gens. Sur ce sujet, Molière construisait déjà nombre de ses comédies (*Les Précieuses ridicules, L'Avare, L'Amour médecin...*). Mais si la pièce de Marivaux appartient bien au genre de la comédie, c'est pour occuper, à l'intérieur de ce genre, une place à part et inédite. *Le Jeu de l'amour et du hasard* est, selon l'heureuse formule de F. Deloffre, une « comédie de sentiment ».

Une « comédie de sentiment »

Contrairement à ce qui se passe souvent dans les comédies de Molière, l'obstacle principal que les jeunes gens doivent surmonter ne réside pas dans le refus des parents à leur union. M. Orgon laisse sa fille libre de son choix : « Si Dorante ne te convient pas, tu n'as qu'à le dire, et il repart » (I, 1). Rendue socialement possible par l'évolution des mœurs au XVIIIᵉ siècle, cette émancipation de la femme entraîne sur le plan dramaturgique un nouveau type de comédie. L'intérêt se déplace pour désormais résider dans la décision des jeunes gens eux-mêmes. La naissance de l'amour et la prise de conscience de cet amour, avant même sa déclaration à l'autre, deviennent le sujet principal. La « comédie de sentiment » n'est donc pas une comédie sentimentale, mais une comédie sur le sentiment, sur la « surprise de l'amour », sur son éveil inconscient et son acceptation consciente. « C'est la situation de deux personnes qui, s'aimant et ne s'en doutant pas, laissent échapper par tous leurs discours ce sentiment ignoré d'eux seuls, mais très visible pour l'indifférent qui les observe » (D'Alembert, *Éloge de Marivaux*, 1785). Chez Molière, les couples sont formés dès le début de la pièce ; chez Marivaux, ils ne le sont qu'à la fin. Dans cette formation du couple, les obstacles ne manquent certes pas, mais ils sont intériorisés. Silvia redoute de se marier, tant l'effraie le comportement des maris de ses amies (I, 1). Le déguisement de Dorante aidant, elle s'en veut ensuite d'aimer malgré tout un valet. Trompé de son côté par le déguisement de Silvia, Dorante doit surmonter ses préjugés, accepter l'idée de se mésallier. C'est le « jeu » de l'amour contre la raison, contre les conventions sociales, contre soi-même, en définitive.

Le mélange des registres

Un genre littéraire ne s'identifie pas par nature à un registre particulier. De même que la tragédie peut jouer sur d'autres registres que le registre tragique (sur ceux du lyrisme, de la polémique, de l'épidictique...), de même la comédie peut recourir à d'autres registres que celui du comique. Preuve en est la galerie de portraits que brosse Silvia des maris invivables (I, 1) et qui relève en propre de la satire. Passager, le lyrisme n'en est pas moins présent quand, mesurant la profondeur de la passion de Dorante, Silvia se laisse aller devant son père à clamer son bonheur (III, 4). Le pathétique apparaît à plusieurs reprises. Convaincu que Silvia ne répond pas à son amour, Dorante la supplie de « désespérer » sa « passion dangereuse » (II, 9) et, joignant le geste à la parole, il se jette suppliant à ses pieds. Ailleurs, persuadé que Silvia lui préfère Mario, Dorante se résigne à quitter la place. Ses hésitations, son accablement, sa peur d'entendre Silvia lui confirmer qu'elle ne l'aime pas trahissent sa souffrance (III, 8). Silvia elle-même devient douloureuse lorsque, sous son rôle d'emprunt, elle évoque son déchirement à l'idée de perdre un jour Dorante (III, 8).

Genre, action, personnages

Comédie et comique

Malgré la présence d'autres registres, le registre comique reste évidemment prépondérant. Certains de ses aspects sont traditionnels et sont hérités de la farce : c'est le cas du comique de mots reposant sur des jurons (« vertuchoux », I, 1 ; « par le ventrebleu », III, 7...) ou sur des injures (« butor », I, 8) ; « maraud », « coquin », III,1). Le comique de gestes est, lui, simplement esquissé lorsque Dorante menace Arlequin de le bastonner (III, 1). Les jeux de mots sont en revanche nombreux et variés. Il s'agit tantôt d'une reprise antithétique : à Silvia qui évoque les « agréments superflus » de la beauté masculine, Lisette réplique : « Ce superflu-là sera mon nécessaire » (I, 1) ; tantôt de périphrases et de métaphores qui engendrent le sourire : pour faire comprendre à Lisette qu'il n'est qu'un valet, Arlequin recourt à l'image de la fausse monnaie et à celle du « soldat d'antichambre » (III, 6). Comme souvent, le comique naît de l'écart existant entre les situations et les comportements. Arlequin ne maîtrise pas les bonnes manières et il ne peut que singer le langage précieux. À l'inverse, Dorante et Silvia ne peuvent adopter le ton et le langage des valets qu'ils sont pourtant censés être. Résultant du double déguisement, le quiproquo provoque des échanges savoureux. Arlequin profite de ce que Dorante ne peut lui répliquer en public sous peine de se dévoiler pour le rabrouer (II, 4). Existe enfin un comique de situation plus subtil et qui colore l'ensemble de la pièce. Avec Mario et M. Orgon, le spectateur en sait plus sur les personnages que ceux-ci n'en savent sur eux-mêmes. Ce savoir l'installe dans la position confortable de l'observateur privilégié qui connaît le dessous des cartes et qui pressent à l'avance l'issue du « jeu ». Ce que les personnages prennent pour la vérité, il le prend pour une fiction. Dès lors, leurs réactions, leur étonnement ne peuvent que faire sourire. Avec Marivaux, on rit moins de ce que les personnages font que de ce qu'ils sont.

Genre, action, personnages

L'action

La donnée initiale est simple : elle réside dans l'inversion des rôles entre maîtres et valets. S'ensuit dès lors un mécanisme complexe, qui met en parallèle l'évolution de deux couples : celui des faux valets et vrais maîtres d'un côté et, de l'autre, celui des faux maîtres et vrais valets.

La progression dramatique

Le premier acte organise le « jeu » et les présentations. Le « hasard » en est à l'origine. Au déguisement de Silvia fait pendant celui de Dorante. L'accord que M. Orgon donne à sa fille et le secret qu'il garde sur le stratagème de Dorante créent un double niveau de comédie : entre Silvia et Dorante d'un côté et, entre ceux-ci et M. Orgon, de l'autre.

Avec l'apparition de Dorante (I, 1), le piège commence à fonctionner. Dès qu'il aperçoit Silvia, Dorante éprouve un véritable coup de foudre ; dès qu'elle l'aperçoit et l'écoute, Silvia s'étonne. Parallèlement, les manières du pseudo-maître qu'est Arlequin la choquent : « Que le sort est bizarre ! Aucun des deux hommes n'est à sa place », constate-t-elle (I, 7).

Le deuxième acte est le temps des déclarations et des contrariétés. Arlequin fait une cour empressée à Lisette et lui déclare sa flamme (mais non son identité). Les choses vont moins vite entre Silvia et Dorante. Silvia s'en veut de s'intéresser à un valet ; d'où son irritation, ses colères et sa mauvaise foi (II, 7 et 8). Dorante joue, quant à lui, son va-tout en dévoilant son identité (II, 12). Coup de théâtre : Silvia décide de ne rien lui révéler en retour.

Le troisième acte est celui de l'épreuve de vérité. Après bien des hésitations, Arlequin et Lisette lèvent le masque et, au lieu de s'indigner de la supercherie, préfèrent en rire (III, 6). Silvia, qui veut obliger Dorante à ce qu'il croit être une mésalliance, fait intervenir son frère Mario. Celui-ci excite la jalousie de

Genre, action, personnages

Dorante en feignant d'aimer Silvia. Désespéré, Dorante se résigne à partir. Silvia le retient. Dorante finit par lui demander sa main. Le « jeu » s'achève sur le triomphe de la vérité et de l'amour.

▌ Le schéma actantiel

Silvia est le personnage principal de la pièce. Sa présence scénique – dix-neuf scènes sur trente-deux – confirme son rôle moteur dans la conduite de l'action. C'est elle qui a l'idée du déguisement et qui prolonge le « jeu ». C'est à partir d'elle que s'établit le schéma actantiel.

Sujet de l'action, Silvia a pour « destinateur » (motivation) sa crainte du mariage et pour « destinataire », l'amour. Dorante est l'« objet » de l'action. L'un et l'autre possèdent des « adjuvants » connus (Lisette à l'acte I) ou inconnus d'eux (Mario et M. Orgon). Tous deux triomphent d'« opposants » : l'amour-propre pour Silvia, les préjugés sociaux pour Dorante.

Les personnages

Les personnages sont moins des caractères que des types sociaux : leurs réactions dépendent étroitement de leur milieu social. Celui-ci reste assez flou. « Homme de condition », « rang », « fortune », « naissance » : de telles expressions ne permettent pas de préciser s'il s'agit de la bourgeoisie ou de la noblesse. Seul indice : le patronyme de M. Orgon trahit plutôt des origines bourgeoises. Mais si ce milieu n'est pas sociale-ment précisé, il l'est économiquement : c'est celui de l'aisance financière, de cette aisance qui atténuait ou effaçait au XVIIIe siècle les frontières traditionnelles entre la bourgeoisie et l'aristocratie. Par ailleurs, les personnages ne renvoient pas tous au même répertoire. Silvia, Mario, Arlequin proviennent en droite ligne de la *commedia dell'arte* ; Lisette, M. Orgon et Dorante, du personnel français de la comédie.

Genre, action, personnages

Silvia

Sa naissance et son éducation destinent Silvia à faire un beau mariage. Mais, dans son esprit, un beau mariage ne se réduit pas à épouser un beau parti : elle rêve d'un mariage d'amour. Or son père souhaite, sans toutefois l'y contraindre, la marier à Dorante qu'elle ne connaît pas. Voilà qui l'inquiète d'autant plus que la vie conjugale l'effraie. De là naît son stratagème de se déguiser en soubrette. Il se retourne vite contre elle : non seulement parce que Dorante a eu la même idée, mais parce qu'elle s'éprend de lui. Silvia découvre l'amour. Son corps l'exprime avant qu'elle n'en ait une claire conscience. Elle se trouble, « frissonne », est au bord des larmes, perd la maîtrise de sa parole. Sa raison et son amour-propre se révoltent : comment aimer un valet ? Aussi désire-t-elle mettre fin au « jeu », seule façon de décourager Dorante en lui révélant qui elle est et en rétablissant des distances qu'elle croit salvatrices. Son père l'en empêche et le piège se referme sur elle. Dorante le desserre en lui dévoilant son identité. Non sans cruauté, Silvia relance alors le « jeu ». Elle veut obtenir la plus grande preuve d'amour qui soit : se faire proposer le mariage sous son habit de soubrette. Tour à tour émue, surprise, décontenancée puis manœuvrière et sûre d'elle-même, Silvia incarne par excellence les jeunes amoureuses marivaudiennes en proie à un amour-propre tout aussi exigeant que l'amour.

Dorante

Par sa naissance et son éducation, Dorante convient idéalement à Silvia. C'est un jeune homme sage qui prend le mariage au sérieux. Comme Silvia, il naît à l'amour et cette naissance l'« étourdit ». Plus passif toutefois que Silvia, il subit une double épreuve. La première est sociale : il éprouve les humiliations inhérentes à la condition de valet : Silvia le repousse parce qu'il « sert » et qu'il n'est pas « riche » ; Mario lui rappelle que sa « livrée » ne parle pas à son avantage ; et Arlequin ne manque

Genre, action, personnages

pas de le rabrouer. La seconde épreuve que traverse Dorante est sentimentale. Sa « raison » combat sa passion. D'aimer à épouser, il y a une distance qu'il ne se résout pas aisément à franchir. L'offre de son cœur (II, 9) précède celle de sa main (III, 8). Le « hasard » le récompense d'avoir surmonté ses préjugés. La fausse Lisette se révèle être la vraie Silvia. Un instant menacées, la morale et les convenances sociales sont finalement sauves.

▌Monsieur Orgon

S'il incarne l'autorité, M. Orgon n'est pas autoritaire. Il est, selon Lisette, « le meilleur de tous les hommes » (I, 2). C'est un père soucieux de l'avenir et du bonheur de sa fille. Sa connaissance de la vérité l'érige tout à la fois en auteur, en metteur en scène et en spectateur du « jeu ». Auteur, il construit l'action en autorisant sa fille à se travestir puis en lui interdisant de quitter son rôle. Metteur en scène, il favorise les entrevues de Silvia et de Dorante, guide Lisette dans son entreprise de séduction d'Arlequin. Spectateur, il s'amuse des réactions des uns et des autres. De cette « comédie » dans la comédie que lui donnent les deux couples, M. Orgon est le démiurge bienveillant.

▌Mario

Frère de Silvia, Mario, dûment informé par son père, connaît lui aussi les coulisses du « jeu ». Ce savoir le change, comme son père, en spectateur amusé : « C'est une aventure qui ne saurait manquer de nous divertir », dit-il (I, 3). Mario n'est pourtant pas un personnage passif. En se posant en rival de Dorante, il excite la jalousie de celui-ci. En prétendant en outre à la main de Silvia, il incite indirectement Dorante à dépasser ses préventions. Par là, Mario est aussi un acteur du « jeu ».

▌Arlequin

Dans la tradition de la *commedia dell'arte*, Arlequin est d'abord un emploi : celui d'un valet balourd, naïf, parfois futé, qui, sous son éternel habit de losanges multicolores, est un acrobate dont les culbutes et les *lazzi* (jeux de scène) font rire. Référence patronymique oblige, l'Arlequin du *Jeu* conserve des réactions de son passé italien : son langage populaire, son goût du vin et de la bonne chère, son impertinence, ses manières directes et lestes. Alors qu'il joue au maître, il s'intéresse dès son arrivée à la soubrette. Silvia se choque des « brutalités de cet animal » (II, 7) et Lisette le traite de « magot » (III, 6), de singe. La dissonance permanente entre son comportement et son statut officiel crée le comique du personnage.

Mais, s'il demeure conforme à son emploi d'origine, Arlequin s'en émancipe et acquiert de l'étoffe. Ambitieux ou arriviste, il espère s'élever au-dessus de sa condition subalterne en épousant, croit-il, la fille de M. Orgon et, une fois marié, vivre « but à but » (III, 7) – d'égal à égal – avec Dorante. Valet, il saisit l'occasion de son déguisement pour initier le procès des maîtres, s'affirmer contre Dorante (III, 7) et glisser des allusions satiriques qui dépassent son propre cas : « Un coquin peut faire un bon mariage » (III, 5).

La fin du « jeu » le renvoie à son état premier, sans déception apparente. S'il n'épouse pas la fille de M. Orgon, il trouve du moins le bonheur auprès de Lisette et disparaît en riant sur une cabriole : « Allons saute, marquis » (III, 9).

Lisette

Lisette est un personnage plus complexe qu'Arlequin. « Femme de chambre » de Silvia d'après la liste des personnages, elle est sa confidente et se dit aussi sa « coiffeuse » (III, 6). Les assiduités d'Arlequin qu'elle prend pour Dorante lui font entrevoir la possibilité de sortir de sa condition, d'avoir « fortune » faite (II, 1). Aussi se heurte-t-elle à Silvia, qui ne peut admettre sa promotion sociale (II, 7). Son obéissance n'est que professionnelle : « Si j'étais votre égale, nous verrions », dit-elle à Silvia (I, 1). En avouant ses « fautes d'orthographe », Arlequin brise ses rêves. Lisette ne paraît pas trop en souffrir. « Il n'y a que toi qui gagnes à cela », lui réplique-t-elle tout de même (III, 9). Son bon sens la fait se résigner au principe de réalité. Plus raffinée qu'Arlequin, foncièrement honnête, et ne se laissant pas facilement intimider, Lisette est une servante fine et gaie. Reste une question sans réponse : Lisette aurait-elle aimé Arlequin si celui-ci ne lui était pas d'abord apparu sous les traits d'un « homme de condition » ?

L'œuvre : origines et prolongements

Le travestissement : un procédé ancien

Le Jeu repose sur un double déguisement. Le procédé n'était pas neuf à l'époque de Marivaux. Dans *Les Précieuses ridicules* (1659), Molière habillait déjà son valet Mascarille en faux marquis. Déguiser un maître en valet n'était pas davantage inédit : les farces du Moyen Âge recouraient déjà à ce stratagème. L'inversion des rôles entre maîtres et valets n'était pas non plus une formule originale. Sans remonter aux *Grenouilles* du Grec Aristophane (v-ive siècle avant notre ère), Beauchamps, un dramaturge contemporain de Marivaux, procède à une telle inversion dans sa comédie du *Portrait* (1727) : une jeune fille, Silvia, y prend la place de sa servante Colombine pour décourager le prétendant que son père veut lui faire épouser. Un autre dramaturge, Marc-Antoine Legrand, imagine dans *Le Grand Coureur* (1722) qu'une comtesse endosse l'habit d'une suivante pour mieux observer son « futur » que sa famille tente de lui imposer. Ce « futur » change de son côté d'identité, non pas toutefois pour observer la comtesse, mais pour se protéger des assiduités éventuelles d'une amie de celle-ci. Le genre de la comédie usait donc largement et depuis longtemps du procédé du travestissement, de ses démultiplications et variantes. La raison en est aisée à comprendre : un tel procédé est riche de quiproquos et de rebondissements comiques.

Le travestissement : une utilisation nouvelle

Si Marivaux reprend à son compte une technique éprouvée, il l'utilise toutefois d'une manière nouvelle. Contrairement à ses prédécesseurs et contemporains, il met l'accent sur le couple des vrais maîtres et faux valets, source d'un comique

L'œuvre : origines et prolongements

moins élémentaire et plus subtil. Silvia et Dorante se rencontrent sept fois ; Lisette et Arlequin, trois fois. Les motifs du travestissement prennent par ailleurs une signification différente. Il ne s'agit plus de décourager, comme chez Beauchamps, ou de ruser comme chez Legrand : le masque sert ici à percer la vérité de l'autre. Seuls *Les Amants déguisés* (1729) d'Aunillon s'étaient approchés de cette conception. En voici l'argument, très résumé : une comtesse échange son statut avec celui de sa suivante Finette pour mieux juger et jauger le marquis que son oncle Géronte lui destine en mariage. Le marquis prend de son côté la place de son domestique, Valentin, pour mieux connaître sa promise. Les deux faux valets s'éprennent l'un de l'autre.

« LE MARQUIS - Quoi, belle Finette, ce serait vous offenser que d'avoir pour vous tous les sentiments dont un cœur bien tendre soit capable ? Ah ! Si cela est, je suis le plus cruel de tous vos ennemis.

LA COMTESSE - Si vous m'en croyez, vous ne vous laisserez pas séduire à une passion qui ne peut jamais faire votre bonheur. Vous ne savez pas tous les obstacles qui s'y opposent.

LE MARQUIS - Quels peuvent donc être ces obstacles ? Sont-ils invincibles ? Non, charmante Finette, non, rien ne peut paraître insurmontable à ma constance, et la tendresse la plus pure... Vous riez ? Ah ! Je sens tout mon malheur. Ce cœur que vous défendez si bien contre moi est sans doute engagé ailleurs ? Ou peut-être... Hélas ! Je tremble... Peut-être êtes-vous mariée ?

LA COMTESSE - Je ne puis vous dire ce qu'il en est ; mais, croyez-moi, profitez de mes avis. Ne vous attachez point mal à propos à une personne qui ne peut être à vous. Je vous avoue pourtant que vos sentiments me donnent de l'estime pour vous. Il est rare, parmi les gens de votre sorte, de s'exprimer avec tant de galanterie et de délicatesse.

LE MARQUIS - Ah ! Ma chère Finette, c'est ce que je vois, c'est ce que j'entends qui est un prodige de la nature, et ce n'est pas, dans la situation où je vous vois, une chose ordinaire que de penser comme vous faites. Votre mérite, belle Finette,

L'œuvre : origines et prolongements

s'oppose à ce que vous voulez de moi ; et je sens bien que, même sans espoir de vous plaire, je vous aimerai toujours. Non, il n'est point pour moi d'autre bonheur que celui de vaincre ces obstacles que vous m'opposez, et je tenterai tout...
LA COMTESSE - Ils sont insurmontables, vous dis-je, n'y pensez plus ; et à juger de votre âme par vos discours, vous me condamneriez vous-même si j'avais la faiblesse de flatter votre passion. »

C'EST presque la donnée du *Jeu*. À une différence près toutefois, capitale. Un quiproquo leur fait simultanément découvrir leur identité réelle. Il n'y a donc pas de mise à l'épreuve du marquis dans la pièce d'Aunillon. L'originalité de Marivaux consiste non pas dans l'utilisation d'un double et parallèle déguisement, mais dans le sens qu'il lui confère : la naissance d'un amour en butte à l'amour-propre et aux préjugés sociaux.

Le marivaudage : une « préciosité nouvelle »

MARIVAUX a donné son nom à un style de langage galant, précieux et raffiné : le marivaudage, qui est la spécificité de son théâtre. Les définitions qui en ont été données sont variées : « badinage spirituel », selon Diderot, « badinage à froid », selon Sainte-Beuve, « badinage grave », selon F. Deloffre. Le marivaudage est d'abord une utilisation particulière de la parole et, par voie de conséquence, du dialogue théâtral. Contrairement au sens qu'il possède parfois de nos jours, ce n'est ni un exercice de style ni un amusement sentimental. Les personnages de Marivaux réagissent non à des idées, à des raisonnements, mais à des mots et sur des mots :
« DORANTE - Vous êtes sensible à son amour ; je l'ai vu par l'extrême envie que vous aviez tantôt que je m'en allasse ; ainsi vous ne sauriez m'aimer.
SILVIA - Je suis sensible à son amour ! Qui est-ce qui vous l'a dit ? Je ne saurai vous aimer ! Qu'en savez-vous ? Vous décidez bien vite ! (III, 8). »

L'œuvre : origines et prolongements

De ce rebondissement sur les mots naissent la vivacité, la spontanéité du dialogue. En émerge également et simultanément une analyse particulière des sentiments. Le mot n'est pas la traduction d'une introspection. Il n'est pas un outil, il est un révélateur. Tantôt il précède la prise de conscience : « Et moi, je voudrais bien savoir comment il se fait que j'ai la bonté de t'écouter » (I, 6), dit Silvia à Dorante, qui ne sait pas ou ne veut pas savoir qu'elle s'intéresse à lui. Tantôt le mot accélère ou provoque la prise de conscience :

« SILVIA - Non, Bourguignon, laissons-là l'amour, et soyons amis.

DORANTE - Rien que cela ? Ton petit traité n'est composé que de deux clauses impossibles.

SILVIA *à part*. - Quel homme pour un valet ! *(Haut)*. Il faut pourtant qu'il s'exécute (I, 6). »

Dans tous les cas, le mot possède son autonomie propre, qui n'obéit ni à un calcul ni à une intention. Par là, il devient « une forme d'investigation psychologique et morale » (F. Deloffre), indépendante de l'analyse rationnelle. Comme Marivaux le fait dire à l'un de ses personnages de *La Fausse Suivante* (1724) : « Je ne savais pas la différence entre connaître et sentir. » Tout l'enjeu dramatique consiste dès lors à faire coïncider les mots et les sentiments conscients, le langage et le cœur. Rien n'est plus éminemment théâtral. Nul avant Marivaux n'avait songé « et nul n'a songé depuis à faire du dialogue un élément autonome, aux lois distinctes des lois psychologiques, ordinaires, principe de progression, de trouble ou de retard » (F. Deloffre).

Le marivaudage et le jeu des Comédiens-Italiens

Cette conception du langage implique un mode d'expression. Hasard des circonstances : le jeu des Comédiens-Italiens s'y prêtait à merveille. Formés à la *commedia dell'arte*, ceux-ci avaient l'habitude des répliques qui s'enchaînent ou rebondissent sur des mots-clés. En outre, leur imparfaite maîtrise du français les conduisait presque naturellement à mettre ces mêmes mots en valeur. Le langage acquérait ainsi une réalité propre, à la limite indépendante du sens qu'il véhicule. Familiers de l'improvisation, ces comédiens possédaient enfin un art consommé de la gestuelle. Or, si le marivaudage est affaire de langage, il concerne aussi le corps. Le regard joue un rôle fondamental. Dès sa première rencontre avec Silvia, Dorante s'exclame : « Cette fille-ci m'étonne ! Il n'y a point de femme au monde à qui sa physionomie ne fît honneur » (I, 6). Quant à Silvia, les manifestations de son trouble sont patentes. Vivacité et spontanéité du langage, attitudes naturelles et expressives furent autant de qualités que Marivaux ne pouvait trouver chez les acteurs de la Comédie-Française habitués aux tirades solennelles de la tragédie ou aux répliques à effets de la comédie. À l'origine, le marivaudage naquit d'une rencontre presque miraculeuse entre un langage dramatique et un type de jeu.

Quel hasard ? Quelle raison ?

En dépit de son titre, la pièce laisse peu de place au « hasard ». Il n'est qu'à l'origine de l'action : dans la coïncidence des travestissements de Dorante et de Silvia. L'omniscient meneur de « jeu » qu'est M. Orgon le contrôle ensuite étroitement. On pourrait certes encore considérer que le « hasard » fait bien les choses dans la naissance d'un amour réciproque. Mais les fait-il précisément si bien ? Dorante convient parfaitement à Silvia comme Silvia convient à Dorante. Celle-ci a beau se réjouir de « l'aventure extraordinaire » qui lui arrive, admirer « le coup de hasard le plus singulier, le plus heureux qui soit » (III, 4), rien n'est pourtant ni plus prévisible ni plus logique que son amour. Cette maigre intervention du « hasard » enlève à la pièce toute portée contestataire et, à plus forte raison, révolutionnaire. Si Dorante doit surmonter ses préjugés, sa décision d'épouser une soubrette n'ébranle ni ne bouleverse l'ordre social... puisque la soubrette n'en est pas une. Sous leur déguisement, les personnages se reconnaissent

L'œuvre : origines et prolongements

comme étant du même monde : comme les valets de leur côté, les maîtres continuent de se marier entre eux. Marivaux est, à cet égard, plus audacieux et plus ambigu dans *Les Fausses Confidences* (1737). Jeune homme pauvre mais de bonne famille, Dorante s'est épris d'Araminte, une jeune veuve fort riche que sa mère, madame Argante, souhaite remarier à un comte. Grâce aux artifices de Dubois, son ancien valet passé au service d'Araminte, Dorante est engagé comme intendant auprès de cette dernière et finit par se faire aimer d'elle. Madame Argante en suffoque d'indignation. Il n'y a pas davantage de « hasard » dans *Les Fausses Confidences* que dans *Le Jeu*. Mais le désordre que constitue une mésalliance y est plus fortement souligné. Quant à la « raison », elle ne relève pas de l'ordre de la logique ni de l'exercice de l'intellect, mais elle se confond avec l'acceptation, l'intériorisation des préjugés sociaux. La « raison » veut qu'un « homme de condition » ne s'unisse pas à une suivante. Mais en quoi est-ce raisonnable ?

Réécritures et variantes

Le TEXTE ici reproduit est celui de l'édition originale de 1730. Les rééditions en furent nombreuses jusqu'en 1758, année de la dernière réédition parue du vivant de l'auteur. Aucune d'entre elles ne comporte de modifications notables. Quelques-unes (comme celles de 1736 et de 1758) introduisent des variantes mineures (changement d'un mot pour un autre) ou corrigent des erreurs d'impression de la première édition.

Un REDÉCOUPAGE des scènes de l'acte I intervient toutefois à partir de 1736. De neuf scènes dans l'édition originale, celui-ci en compte désormais dix. La scène 3 devient très brève et s'achève avec le départ de Silvia (« Je vous quitte »). Commence alors la scène 4 avec l'entrevue, inchangée, de M. Orgon et de son fils (à partir de « Ne l'amusez pas, Mario »). Ce redécoupage s'explique par l'une des lois de la dramaturgie classique, encore en vigueur sur certains points, qui voulait qu'une scène

L'œuvre : origines et prolongements

débutât et s'achevât avec l'entrée et la sortie d'un personnage. Pour la même raison, la scène 9 de l'acte II s'achève avec
l'entrée de M. Orgon quand Dorante se jette à genoux devant
Silvia et le reste de la scène s'intègre à la scène 10.

L'ÉDITION DE 1732 fait par ailleurs apparaître une didascalie
nouvelle à la scène 12 de l'acte II : « Dorante, *l'empêchant de
sortir* ». Ce ne sont en définitive que de simples retouches.
Marivaux n'a pas jugé utile de remanier son texte en profondeur.

L'œuvre
et ses représentations

L'accueil du Jeu à sa création

La première représentation

Le public du Théâtre-Italien accueillit favorablement la pièce sans toutefois lui réserver un triomphe. Elle tint l'affiche tout un mois – signe d'un honorable succès pour l'époque – et fut reprise dès la fin de l'année 1730. D'après le compte-rendu du *Mercure*, on apprécia la qualité de l'écriture, la verve comique d'Arlequin, la délicatesse et le phrasé de l'actrice interprétant le rôle de Silvia, dont un témoignage légèrement plus tardif nous renseigne sur la diction : elle avait « la prononciation extrêmement brève et l'accent étranger, deux choses qui s'accordent merveilleusement avec le caractère laconique et le tour extraordinaire des phrases » de Marivaux (Rouxel, 1736).

Des réticences se manifestèrent pourtant. Toujours selon le *Mercure*, on jugea le troisième acte inutile au motif qu'« il ne s'agit que de satisfaire la petite vanité de Silvia, qui veut que Dorante se détermine à l'épouser malgré la prétendue inégalité des conditions ». C'est dire que le public de l'époque ne s'intéressa guère à la force du préjugé social que doit combattre Dorante. Quant à l'intervention de Mario, elle fut tenue pour superflue. D'autres réserves portèrent sur la vraisemblance de l'intrigue. On se demanda comment Silvia pouvait « se persuader qu'un butor tel Arlequin soit ce même Dorante dont on lui a fait un portrait si avantageux » (I, 1 et 2). On reprocha également à Arlequin son manque d'unité de caractère parce qu'il dit des « choses très jolies [qui] succèdent à des grossièretés ».

L'œuvre et ses représentations

Une fortune exceptionnelle

De multiples reprises

Même si elle ne suscita pas une approbation unanime, la pièce connut par la suite une brillante carrière. Les Comédiens-Italiens la reprirent presque constamment entre 1730 et 1761, année de leur fusion avec la troupe de l'Opéra-Comique. En 1779, celle-ci procéda à une francisation du *Jeu* : Silvia se prénomma désormais Isabelle et Arlequin, Pasquin. L'aspect italien de l'œuvre s'estompait. La Comédie-Française l'inscrivit, sous cette nouvelle forme, à son répertoire en 1796. Elle la jouera plus de quinze cents fois jusqu'à nos jours (en revenant dès le XIXe siècle aux noms d'origine des personnages).

Au XIXe siècle, mademoiselle Mars, actrice sociétaire de la Comédie-Française puis Sarah Bernhardt s'illustrèrent dans le rôle de Silvia. De mademoiselle Mars, Théophile Gautier écrit qu'elle jouait avec une « netteté étincelante, [une] grâce mesurée et juste » et une « verve railleuse ».

Le XXe siècle marque une double redécouverte du *Jeu*. Depuis les mises en scène de Xavier de Courville entre 1910 et 1939, au Théâtre de la Petite-Scène, on le « réitalianise » en insistant sur la pantomime (avec les adaptations après-guerre de Jean-Louis Barrault), en réintroduisant le port du masque, traditionnel dans la *commedia dell'arte* (mise en scène de Robert Gironès au théâtre Gérard-Philipe en 1984). À la suite, par ailleurs, des recherches théâtrales et des nouvelles approches universitaires, on découvre une gravité sous-jacente à la fantaisie des personnages et un réalisme masqué, transposables à toutes les époques. Ainsi Marcel Bluwal en proposait-il en 1967 une adaptation pour la télévision en choisissant pour décor une plantation de Louisiane juste avant la guerre de Sécession. C'est sans doute ce mélange de légèreté et de gravité, d'élégance et de sensualité, d'insouciance et de contraintes sociales qui explique que *Le Jeu* soit, avec *Les Fausses Confidences*, la pièce la plus connue et la plus jouée de Marivaux.

L'œuvre et ses représentations

Les enjeux d'une mise en scène

❚ Plusieurs hypothèses de lecture

La mise en scène du *Jeu* dépend ainsi d'un choix ou, comme on dit aujourd'hui, d'une « lecture » préalable. Souhaite-t-on revenir à l'esprit qui présida à sa création ? Il faut alors le jouer comme les Comédiens-Italiens dont les interprétations n'avaient aucune visée réaliste, et se mouvoir dans un imaginaire de fantaisie où la vraisemblance perd tout sens en raison du costume et du masque d'Arlequin. Décide-t-on au contraire d'ancrer la pièce dans le réel ? Se pose alors la question du costume d'Arlequin : s'il ressemble trop à l'habit de Dorante, le spectateur risque de perdre de vue la différence des conditions sociales ; s'il s'en distingue trop, la méprise de Silvia devient incompréhensible. Le problème du degré de différenciation est donc essentiel. Alfredo Arias le résolut d'une manière originale et radicale dans sa mise en scène du *Jeu* : il fit porter aux comédiens des masques de singes : parce que les valets « singent » (imitent) leurs maîtres, que ceux-ci jouent comme des singes, et que Lisette traite Arlequin de « magot ». Quel aspect de l'œuvre mettre enfin en lumière ? Le déchirement de Dorante entre son moi affectif et son moi social (interprétation de B. Dort) ? La sensualité de Silvia ? Sa crainte d'être aliénée par le mariage (M. Deguy) ? La contestation d'un ordre social ? Ou, plus simplement, le comique de l'œuvre ? C'est la richesse même du *Jeu* qui autorise de telles hypothèses.

Gisèle Casadesus et Pierre Bertin à la Comédie-Française, 1939.

Yves Delabesse est Arlequin. Mise en scène de Robert Gironès, Théâtre Gérard Philipe, 1984.

Zobeida (Lisette) et Marilu Marini (Sylvia).
Mise en scène de Alfredo Arias, Théâtre de la Commune,
Aubervilliers, 1987.

Le Jeu de l'amour et du hasard mis en scène par Jean-Pierre Vincent
au Théâtre de Nanterre en 1998.

L'œuvre à l'examen

Objet d'étude : le théâtre, texte et représentation (toutes sections).

À l' *écrit*

Corpus bac : Jeux de masques : les fonctions dramatiques du quiproquo, section L.

TEXTE 1

Héraclius, empereur d'Orient (1647)
Corneille,
Acte IV, scène 4, v. 1406-1430.

L'usurpateur Phocas s'est emparé par le feu et par le sang du trône de l'Empire romain d'Orient et a fait massacrer l'empereur légitime et toute sa famille. Du moins le croit-il, car Léontine a sauvé de la mort Héraclius, le dernier fils de l'empereur. C'est à cette même Léontine que Phocas a confié le soin d'élever son propre fils Martian. Celle-ci a procédé à un échange en faisant passer Héraclius pour Martian et vice versa. Des années passent. Phocas apprend qu'Héraclius est vivant et ordonne de le faire exécuter. Mais qui est le vrai Héraclius ?

LÉONTINE
Le secret n'en est su ni de lui, ni de lui[1];
Tu n'en sauras non plus les véritables causes ;
Devine si tu peux, et choisis si tu l'oses.
L'un des deux est ton fils, l'autre est ton empereur.
Tremble dans ton amour, tremble dans ta fureur.
Je te veux toujours voir, quoique ta rage fasse,
Craindre ton ennemi dedans ta propre race,

---

1. **« Ni de lui ni de lui »** : Martian et Héraclius.

L'œuvre à l'examen

Toujours aimer ton fils dedans ton ennemi,
Sans être ni tyran, ni père qu'à demi.
Tandis qu'autour des deux tu perdras ton étude,
Mon âme jouira de ton inquiétude,
Je rirai de ta peine, ou si tu m'en punis,
Tu perdras avec moi le secret de ton fils.

PHOCAS
Et si je les punis tous deux sans les connaître,
L'un comme Héraclius, l'autre pour vouloir l'être ?

LÉONTINE
Je m'en consolerai quand je verrai Phocas
Croire affermir son sceptre en se coupant le bras,
Et de la même main son ordre tyrannique
Venger Héraclius dessus son fils unique.

PHOCAS
Quelle reconnaissance, ingrate, tu me rends
Des bienfaits répandus sur toi, sur tes parents,
De t'avoir confié ce fils que tu caches,
D'avoir mis en tes mains ce cœur que tu m'arraches,
D'avoir mis à tes pieds ma cour qui t'adorait !
Rends-moi mon fils, ingrate [...].

TEXTE 2

Le Jeu de l'amour et du hasard (1730),
Marivaux, acte II, scène 12.

TEXTE 3

Le Barbier de Séville (1775),
Beaumarchais, acte II, scène 14.

Le comte Almaviva, connu sous le nom de Lindor, s'est épris de la belle Rosine que son tuteur, le sinistre Bartholo, séquestre chez lui. Pour s'entretenir avec elle et lui glisser une lettre, le comte se déguise en officier de cavalerie et, muni d'un faux « billet de logement », se présente chez Bartholo qui l'accueille d'autant plus froidement que le comte feint d'être ivre.

ROSINE, *accourant.* Monsieur le soldat, ne vous emportez point, de grâce ! *(À Bartholo.)* Parlez-lui doucement, monsieur : un homme qui déraisonne...

LE COMTE. Vous avez raison ; il déraisonne, lui ; mais nous sommes raisonnables, nous ! moi, poli, et vous jolie... enfin suffit. La vérité, c'est que je ne veux avoir affaire qu'à vous dans la maison.

ROSINE. Que puis-je pour votre service, monsieur le soldat ?

LE COMTE. Une petite bagatelle, mon enfant. Mais s'il y a de l'obscurité dans mes phrases...

ROSINE. J'en saisirai l'esprit.

LE COMTE, *lui montrant la lettre.* Non, attachez-vous à la lettre, à la lettre. Il s'agit seulement... mais je dis, en tout bien tout honneur, que vous me donniez à coucher ce soir.

BARTHOLO. Rien que cela ?

LE COMTE. Pas davantage. Lisez le billet doux que notre maréchal des logis vous écrit.

BARTHOLO. Voyons. *(Le Comte cache la lettre, et lui donne un autre papier. Bartholo lit)* « Le docteur Bartholo recevra, nourrira, hébergera, couchera... »

LE COMTE, *appuyant.* – Couchera.

BARTHOLO. « Pour une nuit seulement, le nommé Lindor dit L'Écolier, cavalier du régiment... »

ROSINE. C'est lui, c'est lui-même.

BARTHOLO, *vivement à Rosine.* Qu'est-ce qu'il y a ?

LE COMTE. Eh bien, ai-je tort à présent, docteur Barbaro ?

L'œuvre à l'examen

BARTHOLO On dirait que cet homme se fait un malin plaisir de m'estropier de toutes les manières possibles. Allez au diable, Barbaro, Barbe à l'eau ! et dites à votre impertinent maréchal des logis que, depuis mon voyage à Madrid[1], je suis exempt de loger des gens de guerre.

LE COMTE *(à part).* Ô ciel ! fâcheux contretemps !

BARTHOLO Ah ! ah, notre ami, cela vous contrarie et vous dégrise un peu ! Mais n'en décampez pas moins à l'instant.

LE COMTE *(à part).* J'ai pensé me trahir. *(Haut.)* Décamper ! si vous êtes exempt des gens de guerre, vous n'êtes pas exempt de politesse, peut-être ? Décamper ! montrez-moi votre brevet d'exemption ; quoique je ne sache pas lire, je verrai bientôt.

BARTHOLO Qu'à cela ne tienne. Il est dans mon bureau.

LE COMTE, *pendant qu'il y va, dit, sans quitter sa place.* Ah ! ma belle Rosine !

ROSINE. Quoi ! Lindor, c'est vous ?

LE COMTE Recevez au moins cette lettre.

ROSINE Prenez garde, il a les yeux sur nous.

LE COMTE
Tirez votre mouchoir, je la laisserai tomber. *(Il s'approche.)*

BARTHOLO Doucement, doucement, seigneur soldat ; je n'aime point qu'on regarde ma femme de si près.

LE COMTE Elle est votre femme ?

BARTHOLO Eh quoi donc ?

LE COMTE Je vous ai pris pour son bisaïeul paternel, maternel, sempiternel : il y a au moins trois générations entre elle et vous.

---

1. **À Madrid,** c'est-à-dire à la Cour.

L'œuvre à l'examen

a. Question préliminaire (sur 4 points)

Sur quels différents registres sont traitées les conséquences du quiproquo dans les trois extraits présentés ?

b. Travaux d'écriture (sur 16 points) – au choix

Sujet 1. Commentaire.
Commenter l'extrait d'*Héraclius* (texte 1).

Sujet 2. Dissertation.
« Tout jeu suppose l'acceptation temporaire, sinon d'une illusion [...], du moins d'un univers clos, conventionnel et, à certains égards, fictif », écrit Roger Caillois dans *Les Jeux et les Hommes* (Gallimard, 1958). Cette réflexion vous paraît-elle convenir aux situations présentes dans les trois textes du corpus ?

Sujet 3. Écriture d'invention.
Léontine (texte 1), Silvia (texte 2), le comte (texte 3) sont ou finissent par être des meneurs de jeu. Imaginez les pensées secrètes de l'un d'eux.

 Documentation et complément d'analyse sur :
www.petitsclassiqueslarousse.com

L'œuvre à l'examen

À l' **oral**

Objet d'étude : le théâtre, texte et représentation (toutes sections).

Acte II, scène 11.

Sujet : Comment Silvia est-elle mise à l'épreuve ?

I. Mise en situation du passage

– Silvia a pris la défense de Dorante contre Lisette qui le soupçonne de « faire l'important » et de « jouer au galant » (II, 7). Bouleversée, Silvia est au bord des larmes (II, 8) quand survient Dorante, qui lui avoue bientôt sa passion. Désespéré par l'apparente indifférence de Silvia, celui-ci la prie de le désespérer plus encore pour tuer définitivement l'amour qu'il lui porte. Il se jette à ses genoux (II, 9). Survient à ce moment M. Orgon (II, 10). Dorante se retire. Silvia reste seule avec son père et Mario. Les deux hommes la taquinent et la piquent au vif afin de la contraindre à dévoiler ses sentiments.

– Lecture à haute voix : il convient de ne pas oublier que la lecture engage l'explication. Elle doit donc être expressive.

L'œuvre à l'examen

II. Projet de lecture

▌ Élaboration du projet

Au fur et à mesure que se déroule la scène, les répliques de Silvia deviennent de plus en plus amples. C'est qu'au début les questions et insinuations de son père et de son frère la placent sur la défensive. Position qui l'exaspère d'autant plus qu'elle ne peut avouer ni s'avouer qu'elle aime un domestique. Mario et M. Orgon tentent de lui en faire prendre conscience en la mettant en face de ses contradictions.

▌ Formulation du projet

C'est donc une scène de mise à l'épreuve de Silvia où celle-ci perd le contrôle à la fois de la situation et d'elle-même qu'elle ne retrouve que pour mieux les perdre à nouveau.

III. Composition du passage

Le mouvement de la scène traduit la montée progressive de l'exaspération de Silvia :
1. Premier temps : elle est sur la défensive et presque en position d'accusée (l. 1 à 56).
2. Deuxième temps : elle dissimule son amour-propre sous un prétexte de justice (l. 57 à 89).
3. Troisième temps : elle affronte ses contradictions (l. 90 à 124).

IV. Analyse du passage

1. Premier mouvement : Silvia sur la défensive (l. 1 à 56)
Sous les remarques croisées de son père et de son frère, Silvia est dans une attitude permanente de dénégation : elle nie avoir un « air embarrassé » (l. 2 et 3) ; elle conteste que Dorante soit « galant » (l. 15) et qu'il ait donné de l'« aversion » pour Arlequin (l. 21). Cette dénégation s'étend même au « personnage » (l. 29) qu'elle joue, comme si elle se sentait

L'œuvre à l'examen

prise au piège. De là vient la véhémence progressive de ses propos, qui se retournent en colère contre Mario et son père (l. 42-55). La scène n'en est pas moins comique. Celui-ci repose sur les taquineries de Mario qui prend un malin plaisir à agacer sa sœur (l. 6 ; 28 ; 41 ; 50-52) ; et, surtout, sur les dénégations mêmes de Silvia. On sourit non de ce qu'elle dit – elle ne prononce aucune parole qui soit en elle-même comique – mais de ce qu'elle est en la circonstance : un être qui refuse de se rendre à l'évidence.

2. Deuxième mouvement : l'amour-propre déguisé en justice (l. 57-89)
L'allusion de M. Orgon à la conversation de Lisette (l. 57-65) pousse Silvia à se justifier. Quand elle a pris la défense de Dorante, c'est, dit-elle, « par esprit de justice » (l. 67-68), qu'elle résume en cette phrase : « Parce que je suis équitable, que je veux qu'on ne nuise à personne, que je veux sauver un domestique du tort qu'on peut lui faire auprès de son maître... »
Silvia essaie ainsi de retourner la situation à son avantage : d'accusée, elle devient à son tour accusatrice (l. 77-82). C'est toutefois en vain. Son « esprit de justice » dissimule en effet mal une réaction d'amour-propre. Il lui faut trouver à ses propres yeux et pour les autres une raison avouable à l'intérêt qu'elle porte à ce « garçon », à ce « domestique ». Comme elle ne peut admettre que c'est par inclination amoureuse, elle recourt à une posture morale.

3. Troisième mouvement : Silvia face à ses contradictions (l. 90-124)
M. Orgon prend alors sa fille à son propre piège en lui suggérant de chasser Dorante (l. 93) et en lui rappelant la scène à laquelle il a assisté : « Ne l'avons-nous pas vu se mettre à genoux malgré toi ? N'as-tu pas été obligée, pour le faire lever, de lui dire qu'il ne te déplaisait pas ? » (allusion à la fin de la scène 9 de l'acte II). Silvia se trouve ainsi devant un dilemme : soit elle continue de défendre Dorante au risque de révéler qu'elle l'aime, soit elle

obéit à son amour-propre et elle consent au départ de Dorante. Son aparté (« J'étouffe », l. 107) montre qu'elle en prend conscience. Elle opte toutefois pour l'amour-propre : « Je veux qu'il sorte » (l. 122), ordre que M. Orgon annule en renvoyant la décision au bon vouloir d'Arlequin. L'épreuve que vit Silvia n'en continue pas moins de se dérouler sur le registre comique. M. Orgon et Mario usent de propos à double sens qui font sourire le spectateur (l. 115 à 121). Silvia fait preuve d'un comique inconscient quand elle parle de la « comédie » que se donnent sur son compte les deux hommes. Elle ne croit pas si bien dire ! Si « comédie » signifie pour elle « moqueries », le mot prend un tout autre sens pour le spectateur.

V. Conclusion

Sur le plan de la structure, cette scène est le pendant de celle entre Silvia et Lisette (II, 7). Elle n'en est pas toutefois l'exacte symétrie. À l'inverse de Lisette, M. Orgon et Mario connaissent la véritable identité de Dorante. Jouant de ce savoir, ils poussent Silvia dans ses retranchements.

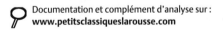

AUTRES SUJETS TYPES

- La mésalliance.
- Mensonges et alibis.
- Le langage paraverbal.
- Comique et pathétique.

Documentation et complément d'analyse sur :
www.petitsclassiqueslarousse.com

Outils de lecture

Action
L'intrigue représentée sur scène.

Adjuvant
Personnage dont la fonction,
dans le schéma actantiel,
est d'aider le protagoniste
à atteindre son but.

Aparté
Lorsqu'un personnage se parle
à haute voix mais est censé ne pas
être entendu par les autres. C'est
une pure convention théâtrale
qui permet au spectateur
de connaître les intentions
secrètes ou les pensées intimes
du personnage.

Commedia dell'arte
Forme de comédie d'origine
italienne, née au milieu
du XVIe siècle, mettant en scène
des types fixes (valets masqués,
vieillards autoritaires, couple
de jeunes amoureux, fanfaron...).
D'une intrigue élémentaire, elle
puise sa force comique
dans la gestuelles (les *lazzi*)
et dans la satire de mœurs.

Coup de théâtre
Événement inattendu, modifiant
définitivement le cours
de l'action.

Dénouement
Résolution des obstacles
qui constituaient le « nœud »
de l'intrigue.

Didascalie
Indications scéniques données
par l'auteur et précisant le jeu
de l'acteur, un élément
du décor...

Dilemme
Alternative dont les deux termes
sont contradictoires
et également inacceptables
et entre lesquels il faut choisir.

Dramaturgie
Art de composer, de construire
une pièce de théâtre.

Exposition
Scène(s) faisant connaître
l'ensemble des faits nécessaires
à la compréhension
de la situation initiale.

Farce
Courte pièce campant
des personnages populaires, dont
l'intrigue repose généralement
sur une ruse qui réussit, et qui
véhicule une joyeuse amoralité.

Ironie
Fondée le plus souvent
sur le procédé de l'antiphrase,
elle consiste à dire le contraire
de ce que l'on pense pour mieux
faire comprendre qu'en réalité on
pense le contraire de ce qu'on dit.

Libertinage
Au sens intellectuel : courant
de pensée affirmant la liberté
de l'homme par rapport aux
croyances et dogmes religieux.
Au sens moral : recherche des
plaisirs de l'existence sans
préoccupation morale. Les deux
sens – libertinage de pensée
et libertinage de mœurs – ne se
confondent pas nécessairement.

Lumières
Mouvement intellectuel
européen du XVIIIe siècle, qui se

Outils de lecture

caractérise par l'exercice de la raison, du doute critique et par la foi dans le progrès.

Lyrisme
Expression intense de sentiments personnels.

Marivaudage
Style précieux propre au théâtre de Marivaux, se caractérisant par un langage nuancé, complexe, dévoilant les nuances de la passion. Désigne aujourd'hui dans le langage courant un badinage amoureux.

Métaphore
Figure de style établissant un rapport d'analogie entre deux réalités sans recourir aux termes traditionnels de la comparaison (comme, ainsi que...).

Niveaux de langue
On en distingue traditionnellement trois : le langage soutenu (recherché), le langage familier et le langage populaire.

Parodie
Imitation satirique d'un genre littéraire ou d'une œuvre.

Pathétique
Ce qui émeut profondément et douloureusement.

Péripétie
Événement provoquant un brusque changement de situation ; elle est en principe réversible.

Quiproquo
Étymologiquement : prendre quelqu'un pour quelqu'un d'autre. Par extension : prendre une chose pour une autre.

Bibliographie filmographie

Ouvrages généraux

• Corvin, Michel, *Dictionnaire encyclopédique du théâtre*, Bordas, Paris, 1991.

• *Lire la comédie*, Paris, Dunod, 1994.

• Jonard, Nicolas, *La Commedia dell'arte*, L'Hermès, Lyon, 1982.

• Larthomas, Pierre, *Le Langage dramatique,* Armand Colin, Paris, 1972.

• Pavis, Patrice, *Dictionnaire du théâtre : termes et concepts de l'analyse théâtrale*, Les Éditions sociales, Paris, 1986.

• Rougemond, Martine (de), *La Vie théâtrale en France au XVIIIe siècle*, Champion, Paris, 1988.

• Stewart, Philip, *Le Masque et la parole*, J. Corti, Paris, 1973.

Sur Marivaux

• Ammirati, Charles, *Maîtres et valets dans la comédie du XVIIIe siècle. Thèmes et sujets*, coll. « Major Bac », PUF, Paris, 1999.

• Deguy, Michel, *La Machine matrimoniale ou Marivaux*, Gallimard, Paris, 1981.

• Deloffre, Frédéric, *Une préciosité nouvelle : Marivaux et le marivaudage*, A. Colin, Paris, 1967 ; réédition Slatkine, 1993.

• Gazagne, Paul, *Marivaux*, Éditions du Seuil, Paris, 1997.

• Gilot, Michel, *L'Esthétique de Marivaux*, SEDES, Paris, 1998.

• Pavis, Patrice, *Marivaux à l'épreuve de la scène contemporaine*, Publications de la Sorbonne, Paris, 1986.

• Ratermanis, Jean-Baptiste, *Étude sur le comique dans le théâtre de Marivaux,* Genève, Droz ; Minard, Paris, 1961.

• Rigault, Claude, *Les Domestiques dans le théâtre de Marivaux*, Nizet, Paris, 1968.

Bibliographie - filmographie

• Rousset, Jean, « Marivaux ou la structure du double registre » *in Formes et significations*, J. Corti, Paris, 1962.

Sur *Le Jeu de l'amour et du hasard*

• Eterstein, Claude, *Le Jeu de l'amour et du hasard. Analyse critique*, Hatier, Paris, 1984.

• Guinoiseau, Stéphane, *Le Jeu de l'amour et du hasard*, Hachette, Paris, 1997.

• Jacquens, Marie-José, *Le Jeu de l'amour et du hasard*, Bertrand-Lacoste, Paris, 1998.

• Pappas, John, « Le réalisme du *Jeu de l'amour et du hasard* » *in Essays on the Age of Enlightenment in Honor of Ira O. Wade*, Droz, Genève, 1977.

Filmographie

• *Le Jeu de l'amour et du hasard*, téléfilm de Marcel Bluwal, 1967.

• *Le Jeu de l'amour et du hasard*, mise en scène de Jean-Paul Roussillon, INA/ Comédie-Française, 1976.

Crédits
Photographiques

Direction de la collection : Carine GIRAC-MARINIER
Direction éditoriale : Claude NIMMO
Édition : Marie-Hélène CHRISTENSEN
Lecture-correction : service Lecture-correction Larousse
Recherche iconographique : Valérie PERRIN, Laure BACCHETTA
Direction artistique : Uli MEINDL
Couverture et maquette intérieure : Serge CORTESI
Responsable de fabrication : Marlène DELBEKEN

Photocomposition : Nord Compo à Villeneuve-d'Ascq
Impression : La Tipografica Varese Srl (Italie)
Dépôt légal : Août 2006 - N° de projet : 11030480 - mars 2015.